CORONOMICS

Daniel Stelter

CORONOMICS

Nach dem Corona-Schock:
Neustart aus der Krise

Campus Verlag
Frankfurt/New York

ISBN 978-3-593-51321-8 Print
ISBN 978-3-593-44588-5 E-Book (PDF)
ISBN 978-3-593-44587-8 E-Book (EPUB)

Umschlaggestaltung: total italic, Thierry Wijnberg, Amsterdam/Berlin nach einem
Design von sense:ability, Andreas Otto
Satz: Publikations Atelier, Dreieich
Gesetzt aus der Minion und der Protipo compact
Druck und Bindung: Beltz Grafische Betriebe GmbH, Bad Langensalza
Printed in Germany

www.campus.de

Inhalt

Coronomics

Das Corona-Virus hat Europa und die Weltwirtschaft fest im Griff. Die Pandemie hat eine dramatische Dynamik entwickelt. Wenn Sie dieses Buch in den Händen halten, hat die durch COVID-19 ausgelöste umfassende Gesundheits- und Wirtschaftskrise bereits neue Dimensionen angenommen. Hoffentlich liegt dann der Höhepunkt der Infektionswelle hinter uns und medizinische Therapien sind in Sicht oder gar schon in Anwendung.

Selbst wenn es zu einer raschen Erholung der wirtschaftlichen Lage kommt und wir schon in einigen Monaten wieder dieselbe Wirtschaftsleistung aufweisen wie vor der Krise, wird uns die Epidemie noch lange beschäftigen. Die ökonomischen Folgen des Corona-Schocks sind gravierend und sie werden andauern.

Vor allem werden sie eine neue Ära der Wirtschaftspolitik einläuten. Ich nenne sie »Coronomics«, ein Kunstwort aus den Wörtern »Corona«, dem Namen des Virus, und »Economics«, den Wirtschaftswissenschaften. Diese neue Wirtschaftspolitik wird das Jahrzehnt prägen und zu einem ganz anderen Umfeld führen, als wir es kennen. Die Inflation dürfte zurückkehren und die Staaten werden weitaus aktiver sein als in den letzten Jahren.

Dabei lag ein Politikwechsel ohnehin in der Luft. Auch ohne Virus war absehbar, dass die Weltwirtschaft auf erhebliche Probleme zusteuert. Das Virus hat diese Probleme schließlich nur beschleunigt und vergrößert. Alle Schwachstellen sehen wir nun wie unter einem Brennglas.

Viele Leser werden bei der Lektüre geschockt sein und ausrufen, dass man diese oder jene Maßnahme unmöglich hinnehmen oder gar unterstützen dürfe. Dem halte ich entgegen: Ich beschreibe hier, was unweigerlich auf uns zukommt und wie sich Länder aufstellen sollten, um in diesem Szenario die eigenen Interessen konsequent zu vertreten. Denn nur so können wir noch größeren Schaden abwenden – von unserem Land und unserer Wirtschaft und letztlich von Europa.

Coronomics wird kommen, ob wir wollen oder nicht.

Daniel Stelter
Berlin, April 2020

Das Virus, das auf eine geschwächte Wirtschaft traf

2019 war ein gutes Jahr. Zumindest an den Börsen. Nach Daten der Deutschen Bank konnte man als Kapitalanleger faktisch keine Verluste machen. Aktien, Unternehmensanleihen, Staatsanleihen, egal ob in den Industrieländern oder in den Schwellenländern – alles wies Gewinne auf. Ebenso stiegen der Goldpreis und der Preis von Öl. Die Wirtschaft wuchs, aber nicht zu schnell, um zu steigenden Zinsen zu führen. Ein ideales Umfeld für die Kapitalmärkte, die von Rekord zu Rekord eilten.

Die Welt feierte den längsten Aufschwung der Nachkriegsgeschichte und die Überwindung der Finanz- und Eurokrise. Auf den ersten Blick sah alles gut aus und man schaute optimistisch auf die kommenden Jahre. Doch diese Sicht trog. Denn die Wirtschaft und die Finanzmärkte waren keineswegs gesund. Warnzeichen häuften sich, dass die Welt nicht so rosig war, wie Politiker, Notenbanken und nicht zuletzt auch die Kapitalmärkte dachten. Nicht wenige Beobachter warnten vor neuen Exzessen an den Börsen und erwarteten eine Korrektur. Nur was der Auslöser sein würde, wussten sie natürlich nicht.

Keine Rückkehr zum Trendwachstum vor der Krise

Es lohnt, sich den Zustand der Weltwirtschaft vor der Corona-Krise vor Augen zu führen. Denn dann versteht man besser, weshalb das Virus so verheerend auf die Wirtschaft wirkte und noch wirkt, wie wir aus der Krise herauskommen und vor allem, was wir nach der Überwindung der Krise alles ändern müssen, um unser Wirtschaftssystem robuster aufzustellen und zukunftsfähig zu machen.

Dies beginnt mit dem Eingeständnis, dass wir zwar seit dem Höhepunkt der Finanzkrise 2009 eine lange wirtschaftliche Erholung erlebt haben, der Aufschwung aber im Vergleich mit früheren Erfahrungen nach Rezessionen enttäuschte. Die Wachstumsraten lagen deutlich unter dem Niveau in der Zeit vor der Finanzkrise. Ökonomen vergleichen dazu das sogenannte Trendwachstum – also die Entwicklung der Wirtschaft, wenn alles so weitergegangen wäre wie vor der Krise – mit der tatsächlichen Entwicklung. Die Differenz zeigt den Wohlstandsverlust durch die Krise und deren Folgen.[1] Und diese sind erheblich.

Für die USA belief sich der Verlust auf rund vier Billionen US-Dollar, was rund 20 Prozent des laufenden Bruttoinlandsprodukts (BIP) entsprach. Das ist deshalb so ungewöhnlich, weil die US-Wirtschaft sich von allen vorangegangenen Rezessionen – inklusive der auf das Platzen der Dotcom-Blase 2000 folgenden – stets vollständig erholt hatte.

In der Eurozone sah es noch schlechter aus. Auf 3,5 Billionen Euro wird der sogenannte Output-Gap geschätzt, was relativ noch mehr als in den USA ist. Wenn man den Zeitraum seit dem Jahr 2000 betrachtet, muss man sogar zu dem Schluss kommen, dass sich die Eurozone – abgesehen von der kurzen Ausnahme der Jahre 2006 und 2007 – schon seit zwei Jahrzehnten im Niedergang befindet.

Ist Deutschland die Ausnahme? Nun, das denken nur wir Deutschen, weil wir in der Tat ein paar gute Jahre erlebt haben. Dieser relative Aufschwung wurde allerdings durch Sonderfaktoren erzeugt. Neben dem Boom in China, das für einen immer größeren Anteil unserer Exporte steht, waren es vor allem die niedrigen Zinsen und der schwache Euro, die unsere Wirtschaft antrieben.[2] Trotzdem lag Ende 2019 in Deutschland das BIP um rund 700 Milliarden Euro unter dem Niveau, das sich bei einer Fortschreibung des Vorkrisentrends ergeben hätte.

Weitaus schlimmer stand es um Italien und Griechenland. Nachdem in Italien schon von 2000 bis 2009 das Wachstum gering war, hatte sich das Land bis Ende 2019 noch nicht von der Finanz- und Eurokrise erholt. Das BIP lag auf dem Niveau von 2002 – und das heißt: real gesehen fast 20 Jahre lang kein Wirtschaftswachstum! Verglichen mit dem Trend fehlten beeindruckende 1 000 Milliarden Euro, bei einem Ist-BIP von 1 600 Milliarden. Griechenland war das Extrembeispiel mit einer Lücke von 150 Milliarden, etwa 70 Prozent des Ist-BIP von 195 Milliarden. 2008 lag es noch bei 252 Milliarden.

Die Eurozone schien auf dem Weg in das eigene »japanische Szenario« zu sein, gekennzeichnet durch geringes Wachstum und deflationäre Tendenzen. Allen Bemühungen von Staat und Notenbank zum Trotz hat Japan es nämlich nicht geschafft, die Stagnation der letzten Jahrzehnte zu überwinden. Seit dem Platzen der Spekulationsblase Ende der 1980er-Jahre kämpft das Land mit den Folgen und leidet unter geringem Wachstum sowie geringer Inflation. Verstärkt wird diese Entwicklung durch den Rückgang der Erwerbsbevölkerung.

Ein Bild, das nichts Gutes für Europa verheißen sollte, wurden doch die Parallelen immer offenkundiger: geringes Wachstum, beginnender Rückgang der Erwerbsbevölkerung, geringe Inflationsraten. Ökonomen sprechen hier von »säkularer Stagnation«, andere nennen es »Eiszeit«.[3]

Natürlich kann man nicht mit Sicherheit behaupten, dass es ohne Finanz- und Eurokrise weitergegangen wäre wie zuvor. Die Berechnungen bleiben immer nur modellhaft. So kann beispielsweise die Erwerbsbevölkerung mehr oder weniger wachsen und dementsprechend auch die Wirtschaft. Unstrittig ist jedoch, dass die letzten zehn Jahre im Hinblick auf das Wirtschaftswachstum enttäuscht haben – weltweit, aber auch und vor allem in der Eurozone.

Wachstumslokomotive der Welt war China. Lag der Anteil des Landes am weltweiten Bruttoinlandsprodukt 2008 noch bei rund acht Prozent, so stieg er innerhalb von nur zehn Jahren auf 18 Prozent. Mehr als 50 Prozent des Wachstums der letzten Jahre stammten aus China, welches entscheidend dazu beitrug, die Krise zu überwinden. Trotzdem mehrten sich im Jahr 2019 die Anzeichen, dass die Wachstumsrate auch in China abnahm. Dies lag vor allem daran, dass China die enorme Entwicklung der letzten zehn Jahre mit einem beträchtlichen Anstieg der Verschuldung erkauft hatte. Lag die Verschuldung von Unternehmen, privaten Haushalten und Staat im Jahr 2008 noch bei unter 150 Prozent des BIP, so näherte sich dieser Wert 2019 der Marke von 280 Prozent. Die Staatsführung hatte das Problem der steigenden Verschuldung erkannt und erklärte, die Abhängigkeit der Wirtschaft von immer mehr Schulden reduzieren zu wollen.

Die Weltwirtschaft stand vor einer Abkühlung und die deutsche Wirtschaft spürte das bereits. Der Industriesektor und damit das ganze Land schrammten 2019 nur knapp an einer Rezession vorbei.

Anhaltender Rückgang des Produktivitätswachstums

Ein wichtiger Grund für den Rückgang des weltweiten Wachstums war die Fortsetzung des schon länger bestehenden Trends eines immer geringeren Produktivitätswachstums. Die sogenannte Total Factor Productivity (TFP) – die Relation von gesamtwirtschaftlicher Leistung zum Einsatz von Arbeit und Kapital – wuchs von 2010 bis 2019 nur um 0,7 Prozent. Dabei ist diese unbefriedigende Produktivitätsentwicklung nicht nur ein Problem der Industrieländer, sondern vor allem auch der Schwellenländer. Im Mittleren Osten und in

Lateinamerika ist die Produktivität nach Daten des US-Think-Tanks Conference Board sogar gefallen. Wir haben es also mit einem globalen Phänomen zu tun.

Der einsetzende demografische Wandel – die Stagnation oder gar das Schrumpfen der Erwerbsbevölkerung – und der Rückgang der Produktivitätsfortschritte erklären rund 80 Prozent des Wachstumsrückgangs in den USA, Großbritannien, Deutschland, Frankreich und Japan seit 2007.[4] Dabei sollten wir es nicht als Trost empfinden, dass wir mit dieser Entwicklung nicht alleine dastehen. In den 1970er-Jahren betrug der jahresdurchschnittliche Anstieg der Stundenproduktivität in Deutschland noch fast vier Prozent, in den acht Jahren seit 2011 waren es nur noch 0,9 Prozent.[5] In den letzten Jahren ist das Produktivitätswachstum auf null gefallen. Nach einer Studie des Instituts für Arbeitsmarkt- und Berufsforschung der Bundesagentur für Arbeit (IAB) stagniert die Wirtschaftsleistung pro Arbeitnehmer hierzulande seit Jahren und ist niedriger als vor der Finanzkrise.[6]

Man kann die Bedeutung der Produktivität gar nicht genug betonen. Jeder Wohlstandszuwachs setzt eine steigende Produktivität voraus. Fehlt diese, so kommt es zu Verteilungskonflikten, Frustration und politischen Spannungen. Vor allem fehlt dann den Gesellschaften die Kraft, die vielen ungelösten Fragen vom Kampf gegen den Klimawandel bis zur Finanzierung des Sozialstaats zu lösen.

Aggressivste geldpolitische Maßnahmen

Die Entwicklung der Geldpolitik ist das wohl alarmierendste Zeichen dafür, dass in den zehn Jahren seit der Finanzkrise etwas nicht richtig gelaufen ist. Seit 2009 sind die Bilanzen der Notenbanken der westlichen Welt von unter vier Billionen US-Dollar auf mehr als 16 Billionen US-Dollar explodiert. Die Zinsen sind deutlich zurückgegangen. Praktisch überall lagen sie Ende 2019 unter dem Niveau von vor zehn

Jahren. Zwischenzeitliche Versuche, das Zinsniveau anzuheben, scheiterten rasch. Immer wieder waren die Notenbanken gezwungen, die Zinsen zu senken und das Ausweiten der Bilanzen fortzusetzen.

Nimmt man die zehnjährigen Staatsanleihen als Maßstab, so ergibt sich in der gesamten westlichen Welt ein ähnliches Bild. Die Zinsen lagen direkt nach der Finanzkrise bereits auf einem niedrigen Niveau. Trotzdem tendierten sie noch weiter nach unten. Fast überall auf der Welt waren sie Ende 2019 auf dem niedrigsten Stand – ein Ergebnis der Geldpolitik, aber auch ein Zeichen dafür, dass die Kapitalmärkte keine Hoffnung auf ein zukünftig höheres Wachstum hatten. Insbesondere die Eurozone ragte negativ heraus. Gab es 2009 für deutsche Staatsanleihen noch 3,37 Prozent und für französische 3,41 Prozent, so erbrachten beide mit negativen Zinsen Ende 2019 weniger als japanische Anleihen. Derart geringe Nominalzinsen hatte es in den letzten 5000 Jahren noch nie gegeben.[7]

Offiziell ging es den Notenbanken darum, deflationäre Gefahren abzuwenden und die Inflationsraten nach oben zu treiben. Gelungen ist das nicht. Im Gegenteil – wir müssen konstatieren, dass die Wirtschaft trotz massiver geldpolitischer Stimulation nicht an Fahrt aufnahm. Man kann es sich wie ein voll beladenes Flugzeug vorstellen, das trotz maximalen Triebwerksschubs nicht in der Lage ist, richtig an Höhe zu gewinnen. Das kleinste Luftloch kann da schon zu einem Absacken führen, was ziemlich rasch gefährlich wird.

Schulden, Schulden, Schulden!

Beladen ist das Flugzeug »Weltwirtschaft« mit einer Überlast an Schulden. Seit Mitte der 1980er-Jahre wachsen in der westlichen Welt die Schulden deutlich schneller als die Wirtschaft. Zunächst haben die Politiker die privaten Haushalte ermuntert, höhere Schulden aufzunehmen, um über die Folgen stagnierender Einkommen hinwegzutäuschen. Schon bald führten die anhaltend sinkenden

Zinsen zu einem allgemeinen Trend zu höherer Verschuldung. Diese Entwicklung wurde durch die Notenbanken angeheizt, die auf jede Turbulenz an den Finanzmärkten – vom Börsenkrach 1987 bis zur Finanzkrise 2009 – und jede Rezession in der Realwirtschaft immer mit einer Verbilligung des Geldes reagiert hatten, ohne nach der Intervention das Geld wieder ausreichend zu verteuern. Diese »asymmetrische Reaktion«, so die Beschreibung der Bank für Internationalen Zahlungsausgleich (BIZ), hat zwar geholfen, bestehende Schulden tragbarer zu machen, zugleich aber noch mehr Verschuldung und Risiken mit sich gebracht. Die Schuldner waren immer fester davon überzeugt, dass ihnen nichts mehr passieren könne.

2009 sah es so aus, als wäre diese Politik an ihrem Ende angelangt und es käme zur unausweichlichen Krise. Die Märkte brachen ein, denn bei immer mehr Schuldnern war es fraglich, ob sie überhaupt noch ihren Verbindlichkeiten nachkommen konnten. Nur mit nochmaligen massiven Interventionen gelang es den Notenbanken und Staaten, einen Kollaps des Finanzsystems und eine neue große Depression zu verhindern.

Dabei waren die Maßnahmen der Notenbanken seit 2009 – Aufkauf von Wertpapieren in Billionenhöhe und Senken der Zinsen bis nahe oder unter null (Japan, Eurozone) – nichts anderes als die Fortsetzung der vorangegangenen asymmetrischen Politik. Und sie hatten genau dieselben Nebenwirkungen: steigende Verschuldung und noch höhere Risiken. Nach Daten des Institute of International Finance stieg die globale Verschuldung im dritten Quartal 2019 mit 253 Billionen US-Dollar auf ein Allzeithoch von 322 Prozent des weltweiten Bruttoinlandsprodukts (siehe Abbildung 1).

William White, früherer Chefvolkswirt der Bank für Internationalen Zahlungsausgleich in Basel, der Notenbank der Notenbanken, und einer der wenigen, die die Finanzkrise frühzeitig vorhergesagt hatten, kritisiert diese Politik der Notenbanken schon lange. Aus seiner Sicht legen die Notenbanken mit ihren Maßnahmen »die Grundlage für den nächsten Zyklus aus Boom und Crash, getrieben von immer lascheren Kreditvergabestandards und immer mehr Verschuldung«.

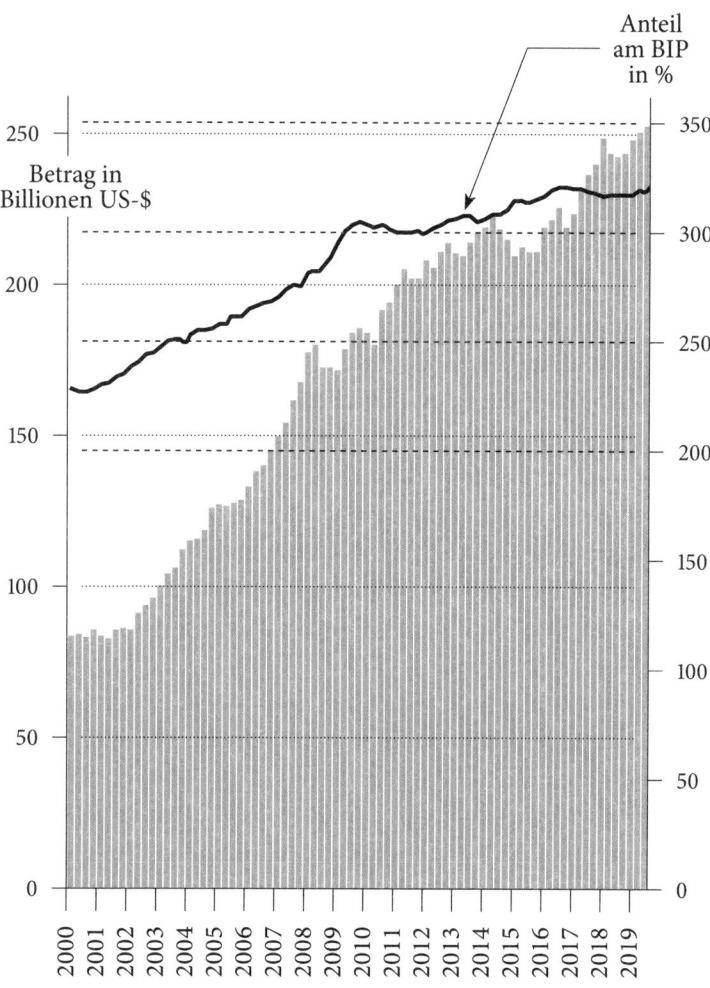

Abb. 1: Weltweite Verschuldung auf Rekordniveau

Quelle: IIF, © FT

Also eine Abfolge von künstlich angeheizten Aufschwüngen an den Finanzmärkten und in der Wirtschaft, gefolgt von immer tieferen Abstürzen, die wiederum mit dem Absenken der Kreditvergabestandards und noch höherer Verschuldung bekämpft werden.[8]

Auf die Realwirtschaft hatte diese Politik jedoch immer weniger Wirkung. Wie gezeigt, war der Aufschwung in den USA und in Europa seit der Finanzkrise zwar einer der längsten, aber zugleich der schwächste nach dem Zweiten Weltkrieg. Überall liegt das tatsächliche Bruttoinlandsprodukt unter dem Wert, den man bei einer Fortschreibung des Vorkrisentrends erwartet hätte.

Deutlicher Anstieg der Vermögenspreise

Die geringe Wirkung der neuen Schulden auf das Wachstum der Realwirtschaft hatte einen einfachen Grund. Das Geld wurde nicht produktiv genutzt, also beispielsweise dazu, um neue Produkte zu entwickeln und neue Anlagen zu bauen, sondern es wurde zum Kauf vorhandener Vermögenswerte wie Aktien und Immobilien eingesetzt. So hat sich das Kursniveau an der US-Börse in den zehn Jahren bis Ende 2019 mehr als verdoppelt, ebenso jenes an der japanischen Börse. China lag trotz zweier zwischenzeitlich geplatzter Blasen fast ebenso gut. In der Eurozone lagen die Börsen allerdings trotz 50 Prozent Kursanstieg immer noch unter früheren Höchstständen.

Auch die Immobilienpreise stiegen weltweit: nach Zahlen der BIZ[9] seit 2010 in den Industrieländern um 33 Prozent, in den Schwellenländern um 60 Prozent. Nach Regionen: Eurozone (+15 Prozent), Japan (+15 Prozent), Dubai (+31 Prozent), Thailand (+31 Prozent), Australien (+32 Prozent), China (+35 Prozent), Brasilien (+51 Prozent), USA (+51 Prozent), Kanada (+60 Prozent). In den Wirtschaftszentren war der Preisanstieg noch deutlicher. In London, den meisten anderen europäischen Hauptstädten, New York, Boston, Los Angeles, San Francisco, Sydney, Melbourne und Vancouver wurden Immobilien besonders teuer.

Nirgendwo macht sich das billige Geld so sehr bemerkbar wie am Markt für Immobilien. Verwundern kann das nicht. Trifft doch ein fast unbeschränkt herstellbares Gut, das Geld, auf ein knappes Gut, die Immobilie. Für nichts geben Banken so gerne Kredit wie für die vermeintlich sichere Anlage in Immobilien.

Zunahme und Abnahme der Ungleichheit

So verwundert es nicht, dass die Ungleichheit in den meisten Ländern zunimmt. Global gesehen sind die Armutsraten in den letzten zehn Jahren gefallen. Der Anteil der Menschen, die in absoluter Armut leben – definiert als Einkommen von weniger als 1,90 US-Dollar pro Tag –, sank von 5,4 Prozent auf 3,1 Prozent. Das dürfte der niedrigste Wert in der Geschichte der Menschheit sein und bedeutet ein besseres Leben für Hunderte Millionen Menschen. In Ostasien ging der Wert von 3,8 auf 0,5 Prozent zurück, in Lateinamerika von 2,8 auf 1,3 in Südasien von 6,6 auf 3,0 und in Afrika (südlich der Sahara) von 5,7 auf 3,1 Prozent. Nur im Mittleren Osten / Nordafrika stieg die Quote von 0,5 auf 1,0 Prozent. Das stellt in Anbetracht der Migration für Europa ein Problem dar.

In der westlichen Welt war das anders. Die Ungleichheit der Einkommen vor der Umverteilung nahm zu. Während einige Länder wie Deutschland und Frankreich durch erhebliche Umverteilung korrigierend eingreifen, erfolgt das beispielsweise in den USA und Großbritannien weniger. Damit setzte sich ein Trend fort, den wir schon seit Jahren kennen. Die Einkommen der Unter- und Mittelschicht bleiben infolge der Globalisierung unter Druck. Dadurch geht einerseits die globale Armut zurück, andererseits aber driften die Einkommen in den Industrieländern weiter auseinander.

Noch deutlicher war diese Entwicklung bei den Vermögen. Hier wirkte das billige Geld der Notenbanken besonders stark, wie wir gesehen haben. Naturgemäß profitieren von einem Anstieg der Vermögenspreise nur jene, die Vermögen haben, weshalb die Ungleichheit der Vermögensverteilung weiter zunahm. Damit setzte sich ein Trend fort, der seit Mitte der 1980er-Jahre besteht: auf der einen Seite steigende Schulden, auf der anderen steigende Vermögenspreise.

Beides steht in einem engen Zusammenhang. Schulden erlauben den Kauf vorhandener Vermögenswerte zu immer höheren Preisen, und die gestiegenen Vermögenspreise wiederum ermöglichen eine höhere Verschuldung. Da zugleich das Geld immer billiger und die Kreditvergabe immer laxer wurde – geringere Eigenkapitalanforderungen –, haben wir es mit einem sich selbst verstärkenden Prozess zu tun. Mit dem impliziten Versprechen der Notenbanken, bei Problemen rettend einzugreifen, wurden immer größere Risiken eingegangen. Vor allem Immobilienpreise gingen in die Höhe.[10]

Kein Wunder, dass wir vor diesem Hintergrund in den letzten zehn Jahren einen deutlichen Anstieg des Zuspruchs zu populistischen Anti-Establishment-Parteien erleben. Auswertungen zeigen, dass der Zuspruch zu diesen Kräften so groß ist wie zuletzt in den 1930er-Jahren.[11] Die Wahl Donald Trumps und das Brexit-Votum werden zu einem erheblichen Teil auf diese wirtschaftlichen Umstände zurückgeführt.

Klaus Schwab, Gründer und Chairman des Weltwirtschaftsforums in Davos, sagte 2019: »Wir müssen uns jetzt um die Verlierer kümmern, um jene, die zurückgeblieben sind. Wenn wir von der nächsten Phase der Globalisierung reden, dann muss diese inklusiver und nachhaltiger sein.«[12] In der Tat hat die Erholung seit der Finanzkrise die Probleme vergrößert.

Gedämpfte Aussichten

Ende 2019 blickten wir auf enttäuschende zehn Jahre zurück: geringes Wachstum, trotz massiver Interventionen der Notenbanken, weiter steigende Verschuldung, Vermögensblasen und zunehmende Ungleichheit. Zugleich mehrten sich die Anzeichen, dass die nächste

Rezession nahte. China schwächelte und die Eurozone blieb auf dem Weg in die säkulare Stagnation.

Kein Wunder, dass der Internationale Währungsfonds (IWF) skeptisch auf 2020 blickte: »Die Aktivität in der Industrie ist deutlich zurückgegangen, auf ein Niveau, welches wir seit der Finanzkrise nicht mehr gesehen haben. Internationale Spannungen und Handelskonflikte führen zu Unsicherheit über die Zukunft des Welthandels und die internationale Zusammenarbeit und dämpfen Zuversicht und Investitionen. Der Ausblick bleibt schlecht.«[13]

Ähnlich äußerte sich die Organisation für Wirtschaftliche Zusammenarbeit (OECD), die für 2019 ein globales Wachstum von nur 2,9 Prozent erwartete und forderte: »(…) wir brauchen dringend koordiniertes politisches Handeln, um das Vertrauen wieder herzustellen, das Wachstum zu stärken und den Lebensstandard zu erhöhen; der Welthandel stagniert und dämpft die wirtschaftliche Aktivität in fast allen führenden Wirtschaften; politische Unsicherheit reduziert Investitionen, künftige Arbeitsplätze und Einkommen. Die Risiken für noch geringeres Wachstum sind erheblich, wie verstärkte Handelskriege, geopolitische Spannungen, die Möglichkeit eines schärfer als erwarteten Rückgangs in China und der Klimawandel.«[14]

Und dann kam das Corona-Virus. Es traf auf eine geschwächte Wirtschaft, die schon längst auf dem Weg in eine Rezession war.

Anfälliges Finanzsystem

Die Party an den Finanzmärkten dauerte bis in den Januar 2020. Obwohl aus dem fernen China verstörende Bilder von abgeriegelten Städten und Menschen in Schutzkleidung über die Bildschirme in aller Welt liefen, erreichten die Börsen in den USA und in einigen anderen Regionen neue Höchststände.

Die Börsianer waren davon überzeugt, dass es schon nicht so schlimm werden würde. Die chinesische Wirtschaft würde sich rasch erholen und schon im Sommer wäre alles vergessen. Ökonomen sprechen in solchen Fällen von einem »V«, also einem tiefen Einbruch, dem eine rasche Erholung folgt. So war es bei SARS, bei der Hongkong-Grippe von 1958 und selbst bei der Spanischen Grippe 1918. Warum sollte es heute anders sein?[1] Und selbst wenn es etwas länger dauern würde, stünden die Notenbanken mit weiterem und noch billigerem Geld bereit, um die Wirtschaft – und natürlich vor allem die Kapitalmärkte – erneut zu retten. So wie immer in den letzten 30 Jahren. Angesichts der damit absehbaren Flut billigen Geldes gab es aus der Sicht der Börsianer nur eines: Aktien kaufen.

Spätestens als das Virus Italien fest im Griff hatte und es offensichtlich geworden war, dass es nicht bei einem regionalen chinesischen Ereignis bleiben würde, stieg die Nervosität. Die Märkte kamen ins Rutschen. Nicht mehr das »V« stand im Raum, sondern eher ein »U«, also eine längere Durststrecke. Und auch das Szenario eines »L«, eines Absturzes, von dem man sich so schnell nicht wieder erholt, war nicht mehr unwahrscheinlich. Das Ergebnis wäre in jedem Fall ein nochmaliger Rückgang des ohnehin schon enttäuschenden Wachstums.

Spekulation auf Kredit

Das Finanzsystem war keineswegs so robust, wie uns Politiker und Notenbanker nach der Finanzkrise weismachen wollten. Zwar gab es einige Reformen, um die Krisenanfälligkeit von Banken zu reduzieren, doch haben diese zum Teil eine krisenverstärkende Wirkung. Außerdem haben sie an der eklatanten Kapitalschwäche des Bankensystems – gerade in Europa – nichts geändert. Schon lange vor dem Corona-Schock bewerteten die Märkte europäische Banken an der Börse mit weniger als der Hälfte ihres Buchwertes, fast so schlecht wie im Jahr 2012 auf dem Höhepunkt der Eurokrise.[2] Was nichts anderes bedeutet, als dass die Aktionäre den Zahlen der Banken nicht trauten und die Geschäftsaussichten als schlecht einschätzten.

Ein noch größeres Problem stellte die immer höhere Verschuldung des Gesamtsystems dar. Ökonomen sprechen von »Leverage«, also dem Einsatz eines »Hebels«. Dieser Hebel dient dazu, die Rendite des eingesetzten Kapitals zu erhöhen. Das folgende Beispiel soll helfen, das zu erklären:

Nehmen wir an, Sie könnten sich eine Aktie zu 100 Euro kaufen, die eine sichere Dividende von zehn Euro pro Jahr abwirft. Setzen Sie für den Kauf nur Eigenkapital ein, so erzielen Sie eine Rendite von zehn Prozent. Attraktiver wäre es, sich 100 Euro von der Bank zu leihen und gleich zwei Aktien zu kaufen. Gibt die Bank sich mit fünf Prozent Zinsen zufrieden, so gehen fünf Euro an die Bank und 15 Euro bleiben bei Ihnen. Das ergibt eine Rendite von 15 Prozent. In der Praxis dürfte die Bank noch großzügiger sein und sich mit nur 20 Prozent Eigenkapital zufriedengeben. Sie können sich also zu Ihren 100 Euro noch 400 Euro von der Bank leihen und fünf Aktien kaufen. Von den 50 Euro Dividende gehen dann 20 Euro an die Bank (fünf Prozent von 400 Euro) und Ihnen blieben 30 Euro! Eine Rendite von 30 Prozent auf das eingesetzte Eigenkapital.

Nun merken auch andere, was für ein gutes Geschäft das ist, und geben sich mit Renditen von weniger als 30 Prozent zufrieden, zahlen also mehr für die Aktie. Steigt der Kurs auf 140 Euro, so haben Sie nicht nur einen schönen Kursgewinn erzielt, sondern wieder erheblich mehr Eigenkapital. Ihre zur Beleihung zur Verfügung stehende »Margin« erhöht sich dadurch auf 300 Euro (100 Euro plus 200 Euro Kursgewinn). Zwar ist die Dividendenrendite von zehn auf sieben Prozent gefallen, doch liegt sie damit weiterhin über dem Zinssatz der Bank. Sie leihen sich weitere 840 Euro und kaufen dazu. Dann haben Sie elf Aktien im Wert von 1540 Euro und Schulden von 1240 Euro. Die Rendite auf Ihr Eigenkapital von 300 Euro sinkt zwar auf 16 Prozent, der Gesamtüberschuss (Dividende minus Zinsen) wächst allerdings von 30 auf 48 Euro.

Es lohnt sich, mehr Schulden aufzunehmen, solange die Dividendenrendite über dem Zinssatz der Bank liegt.

Leverage macht, wie gezeigt, sehr viel Spaß auf dem Weg nach oben. Er ist auch die treibende Kraft hinter der bereits dargestellten Zunahme der Vermögen seit 1980. Kommt noch der Eindruck hinzu, dass die Notenbanken immer intervenieren, wenn es Probleme gibt, und Geld billig zur Verfügung stellen, so geht man erst recht höhere Risiken ein. Genau dies hat in die Finanzkrise geführt und genau dies haben wir in den letzten zehn Jahren befördert.

Das Spiel funktioniert aber nur, solange der Anstieg des Preises des auf Kredit gekauften Vermögensgegenstandes – Anleihe, Aktie, Immobilie, Kunstwerk oder Ähnliches – über den Finanzierungskosten (Zins) liegt. Stockt der Preisanstieg und/oder steigen die Finanzierungskosten, so wird es gefährlich. Die Kreditgeber verlangen mehr Sicherheiten, man spricht von einem sogenannten Margin Call. Innerhalb einer – meist sehr kurzen – Frist muss der Schuldner den Eigenkapitalanteil wieder auf das vereinbarte Niveau hochhieven. Kann er das nicht, so werden die Vermögenswerte zwangsverkauft. Sobald solche Verkäufe einsetzen, fallen die Preise schneller und bringen weitere Investoren unter Druck. Der Preisverfall gewinnt an Geschwindigkeit. Es crasht.

Genau das ist der Grund, weshalb Einbrüche an den Kapitalmärkten deutlich rascher und tiefgreifender erfolgen als der vorangegangene Anstieg. Das macht Spekulationen auf Kredit auch so gefährlich. Denn nicht nur die Schuldner können sehr schnell alles verlieren, sondern auch die Kapitalgeber. Beginnen Kredite auszufallen, so sind die Banken, die mit geringen Eigenkapitalquoten operieren, sehr schnell insolvent. Ihre Vermögenswerte sind dann geringer als ihre Verbindlichkeiten. Dann beginnen die Marktteilnehmer – Banken, Versicherungen, Fonds –, an der Kreditwürdigkeit des jeweils anderen zu zweifeln. Sie fordern Gelder zurück und zögern bei der Vergabe neuer Kredite. Das ganze System droht zu kollabieren. Eben dies war in der Finanzkrise der Fall und konnte nur unter höchstem Einsatz an staatlichen Mitteln und frischem Notenbankgeld gestoppt werden.

Wer einen Eindruck von der Dynamik dieser Prozesse gewinnen möchte, dem empfehle ich den Film *Margin Call*. Kevin Spacey spielt darin einen Banker, der seine Händler antreibt, noch schnell demnächst wertlos werdende Wertpapiere zu verkaufen, bevor es die anderen tun. Die Geschichte, auf die der Film anspielt, ist der Anfang der Finanzkrise im Jahr 2008. Treffend lief der Film in Deutschland auch unter dem Titel *Der große Crash*.

Leverage hoch drei

In dem gerade geschilderten Beispiel geht es um den Leverage-Effekt auf der Ebene der Investoren. Diesen Leverage-Effekt gibt es aber auch auf der Ebene der Unternehmen. Manager können versuchen, die Eigenkapitalrendite zu erhöhen, indem sie mit weniger

Eigen- und mehr Fremdkapital operieren. Wie oben beschrieben, führt jede Erhöhung des Fremdkapitalanteils zu höheren Eigenkapitalrenditen, solange der Zins für die Kredite unter der Rendite des Gesamtkapitals liegt. Und in den letzten zehn Jahren war das leicht zu erreichen, sanken doch die Zinsen auf nie da gewesene Tiefststände.

Es ist also kein Wunder, dass die Unternehmen ihre Verschuldung in den USA und Europa massiv ausweiteten. Das sieht man an zwei Indikatoren: Zum einen sind die Schulden höher als vor zehn Jahren, zum anderen ist die Qualität der Schulden so schlecht wie noch nie. Immer mehr Unternehmen sind also so hoch verschuldet, dass sie von den Ratingagenturen – unabhängigen Instanzen, die die Kreditwürdigkeit beurteilen – nur noch knapp für solide gehalten werden.

Nach Daten der OECD standen Ende 2019 Anleihen von Nicht-Finanzunternehmen im Volumen von 13,5 Billionen US-Dollar aus. Das Volumen hat sich damit real seit 2008 verdoppelt. Am stärksten war der Anstieg in den USA, wo nach Schätzungen der US-Notenbank Fed die Schulden von 3,3 Billionen im Jahr 2007 auf 6,5 Billionen US-Dollar Ende 2019 gestiegen sind, mehr als 30 Prozent des BIP.[3] Auch in Europa ist die Verschuldung der Unternehmen deutlich gestiegen.

Diese Schulden sind vor allem in den traditionellen Branchen konzentriert, weisen doch die Technologieunternehmen gigantische Liquiditätspolster aus. Darüber hinaus sind die Schulden bei den Unternehmen besonders hoch, die weniger ertragskräftig sind. Das ist kein Problem, solange die Gewinne der Unternehmen stabil sind und die Zinsen gering bleiben. Im Falle einer Rezession ist hingegen jedem Beobachter klar, dass Schulden eines solchen Ausmaßes nicht mehr ordentlich zu bedienen sind. So warnte der Internationale Währungsfonds bereits im Herbst 2019, dass die Verschuldung der Unternehmen in den USA eine neue Finanzkrise auslösen könnte. Im Falle einer Rezession, die halb so gravierend wäre wie die des Jahres 2009, würden Unternehmen mit Schulden von insgesamt

19 Milliarden US-Dollar nicht genügend verdienen, um ihre Schulden zu bedienen.[4] Laut OECD waren die Unternehmensanleihen noch nie von so schlechter Kreditqualität wie heute.

Die US-Bank Morgan Stanley stellte schon vor der Corona-Krise fest, dass jedes sechste US-Unternehmen nicht genügend Cashflow erwirtschaftet, um die Zinsen zu bezahlen. Diese »Zombie-Schuldner« bleiben am Leben, solange die Geldgeber bereit sind, weitere zusätzliche Kredite zu geben.

Die Verschlechterung der Schuldnerqualität zeigt sich auch im Markt für sogenannte Leveraged Loans. So werden Kredite genannt, die von Banken für hoch verschuldete Unternehmen organisiert werden. Man nennt diese Kredite »geleveraged« – also gehebelt –, weil die Verschuldung relativ zum Vermögen oder Einkommen des Schuldners weit über dem normalerweise akzeptierten Niveau liegt. Die Kredite sind also besonders riskant. Insgesamt wird der weltweite Markt dieser Kredite auf 1,3 Billionen US-Dollar geschätzt.

Verwendet wurden diese Kredite überwiegend, um Unternehmensübernahmen oder den Rückkauf eigener Aktien zu finanzieren. Das ist beides nicht produktiv und verbessert somit nicht die Fähigkeit, die Kredite in Zukunft zu bedienen. Man setzt also darauf, dass »schon nichts schiefgehen wird«. Sobald jedoch das Vertrauen in die Zahlungsbereitschaft und -fähigkeit der Schuldner schwindet, steigen die Zinsen, was erst recht dazu führt, dass die Schuldner nicht mehr zahlen können.

Dabei wirken die Aktienrückkäufe und Übernahmen von Unternehmen nochmals wie ein Leverage-Effekt. Wir haben zunächst den Ersatz von Eigen- durch Fremdkapital. Danach haben wir durch diese Käufe einen Rückgang der Zahl der gehandeltenAktien, was dazu führt, dass der Gewinn pro Aktie steigt. Manager – vor allem in den USA – bedienen sich dieses Instrumentariums besonders gerne, da ihr Bonus sich am Gewinn pro Aktie orientiert.

Damit wären wir schon bei »Leverage hoch zwei«. Mehr Schulden und noch dazu die Verwendung der Schulden, um Aktien (zurück) zu kaufen. »Leverage hoch drei« ergibt sich dadurch, dass auch die Investoren nicht nur mit eigenen Mitteln arbeiten, sondern ebenfalls zunehmend auf Kredit kaufen. Die Investoren sind angesichts der geringen Zinsen gezwungen, mehr Risiken einzugehen, um ihre Performance aufzubessern. Das führt dazu, dass sie riskante Anleihen der Unternehmen zu immer höheren Preisen kaufen und den Zinsunterschied (»Spread«) zu Staatsanleihen damit verkleinern. Folge: Die Unternehmen machen noch mehr Schulden – und das am »optimalen Punkt«, nämlich im Bereich der von den Ratingagenturen mit BBB benoteten Anleihen – das ist die letzte Stufe mit »Investment Grade«, die Investoren wie Pensionsfonds gerade noch kaufen dürfen. Alles darunter gilt als zu riskant.

Sowohl in Europa als auch in den USA ist dieses Segment in den letzten Jahren förmlich explodiert. Die Ratingagenturen drückten derweil bei den Ratings ein Auge zu, waren doch viele Unternehmen bei harter Auslegung der Kriterien schon 2019 nicht mehr BBB, sondern eher schlechter.[5]

Weitere Folge der Strategie des Hebelns: Die Investoren beginnen ebenfalls, mit Leverage zu arbeiten. Sie kaufen die Unternehmensanleihen auf Kredit, weil sie damit wiederum die Rendite ihres Eigenkapitals erhöhen können. Nicht selten arbeiten besonders aggressive Hedgefonds mit bis zu 90 Prozent Fremdkapital und kaufen damit alle möglichen Wertpapiere, von Staatsanleihen über Unternehmensanleihen bis zu Aktien.

Damit haben wir den dreistufigen Leverage und alles hängt am Schluss von der Ertragskraft der Unternehmen ab. Solange der Cashflow – also der Mittelzufluss – wie geplant verläuft, kann das Unternehmen Zinsen und Dividenden bezahlen. Tilgung findet ohnehin nicht statt, sondern die fälligen Anleihen werden durch die Ausgabe neuer Anleihen ersetzt.

Wenn sich die Geschäftslage verschlechtert, dann schrumpfen die Einnahmen. Damit sinkt aus der Sicht der Kapitalgeber die Kreditwürdigkeit. Die Anleihen werden verkauft und spiegelbildlich steigen die Zinsen, die das Unternehmen zahlen muss. Sobald also

Anleihen fällig werden, muss das Unternehmen diese zu höheren Zinskosten refinanzieren, was wiederum den Gewinn zusätzlich belastet. In der Folge fallen die Aktien des Unternehmens, aber auch die Anleihen weiter. Es droht eine Abwärtsspirale: Die abnehmende Kreditwürdigkeit führt zu steigenden Zinsen. Das wiederum mindert die Kreditwürdigkeit, weil ein höherer Anteil der Erträge für den Zinsendienst benötigt wird.

Hinzu kommt, dass die Investoren, die diese Anleihen und Aktien gekauft haben – vor allem, wenn sie ihre Käufe zum Teil mit Krediten finanziert haben –, einen zunehmenden Druck verspüren, die Papiere zu verkaufen. Sie tun das, um die eigenen Verluste zu begrenzen, das führt aber dazu, dass sich der Preisverfall beschleunigt. Der Margin Call auf Investorenebene erhöht den Druck auf das Unternehmen, das wiederum über höhere Zinsen in noch größere Schwierigkeiten gerät. Sehr schnell kommt es zu einer sich beschleunigenden Abwärtsspirale.

Die Illusion von Sicherheit

Nun könnte man meinen, dass diese Art der Verschuldung weniger problematisch ist, weil es im Unterschied zur Finanzkrise eben nicht die Banken sind, die als Kreditgeber fungieren, sondern überwiegend Direktinvestoren – also Pensionsfonds, Versicherungen und andere Kapitalsammelstellen bis hin zu Anlagefonds. Diese sollten – so die Theorie – die Verluste besser verkraften können und vor allem im Falle eines Kreditausfalls weniger Folgewirkungen auf andere Teilnehmer in den Finanzmärkten ausüben.

Die Hoffnung auf eine geringere Krisenanfälligkeit des Finanzsystems täuscht jedoch. Zum einen wissen wir, dass die Banken nicht nur weniger direkte Kredite vergeben, sondern zugleich aufgrund der Regulierung keine eigenen Wertpapierbestände mehr halten. Sie agieren demzufolge nicht mehr wie früher als »Market

Maker«, die für eine ausreichende Liquidität und zugleich damit für einen funktionsfähigen Markt sorgen. Das ist besonders bei Anleihen problematisch, denn jede Anleihe ist praktisch ein Unikat und deshalb ist im Falle eines Vertrauensverlusts ein Handel sehr schnell nicht mehr oder nur noch unter großen Preisausschlägen möglich. Dies wiederum führt rasch zu einer Vertrauenskrise im Markt, die sehr schnell auch die Anleihen anderer Schuldner erfassen kann.

Da zum anderen die Kreditqualität deutlich schlechter geworden ist und das Segment der von den Ratingagenturen mit BBB benoteten Anleihen dominiert, besteht die Gefahr von Verkaufswellen durch Investoren, die diese Papiere aus regulatorischen Gründen nach Herabstufungen nicht mehr halten dürfen. Das sind beispielsweise Versicherungen und Pensionsfonds, die nur Wertpapiere halten dürfen, die »Investment Grade« sind. Müssen sie verkaufen, so lösen sie einen Preisverfall aus, weil es zeitgleich viele Verkäufer und nur wenige Käufer gibt.

Kommt es zu Problemen mit den Unternehmensschulden, so trifft dies auch die Banken, obwohl sie nicht direkt agieren. Die Zinsen für diese Schuldner steigen, weil die Kreditgeber beginnen, an der Zahlungsfähigkeit zu zweifeln. Es kommt auch zu Kreditausfällen bei den Darlehen, die Banken vergeben haben, und der Wert der Sicherheiten der Banken würde schrumpfen.

Private Investoren standen angesichts der niedrigen Zinsen vor derselben Herausforderung wie die institutionellen Anleger. Banken propagierten hier täglich handelbare Anlagefonds als praktisch »risikofrei«. Diese wären nicht nur kostengünstig, sondern ließen sich auch jederzeit verkaufen. Was nicht verraten wurde: Gerade bei Fonds, die in Anleihen investieren, ist es in der Praxis nicht oder nur unter großen Abschlägen möglich, Anteile zu verkaufen. Der Markt ist nämlich nicht so liquide, wie gern erzählt wurde. Das aber verstärkt im Falle einer Panik die Abwärtsentwicklung.

All das war lange bekannt. Jeder konnte sehen, wie mit einer weiteren Runde von Wertpapierkäufen durch die Notenbanken – angeblich, um die Deflation zu bekämpfen – das Leverage-Monster gemästet wurde. Die Profis wussten, dass die Regulierung den Ausgang aus dem Markt verengte. Alle tanzten nach dem Motto, dass es schon gut gehen wird, weil die Notenbanken immer dann zur Stelle sein werden, wenn es brenzlig wird. Die Preise für Vermögenswerte stiegen weiter und der Leverage wurde nachgezogen.

So waren US-Aktien im Januar 2020 so teuer, dass man auch ohne Crash nur noch geringe Erträge zu erwarten hatte. Nur im Januar 2000, kurz vor dem Platzen der New-Economy-Blase, und vor dem Crash im Oktober 1929 waren Finanzwerte teurer. Doch es wurde getanzt und die Profis setzten darauf, im Falle eines Falles schneller aus dem Markt draußen zu sein als die Privaten.

Im Jahr 2020 näherte sich dieser Punkt. Die Weltwirtschaft schwächte sich ab, der Handelskonflikt zwischen den USA und China war keineswegs gelöst und die geopolitischen Probleme von Nordkorea bis zum Iran drohten, jederzeit zu eskalieren. Ebenso unsicher waren die Folgen des Brexits, des Ausstiegs Großbritanniens aus der Europäischen Union. Die Investoren waren auf dem Sprung.

In der Tat neigten zyklische Aktien, Rohstoffe und die Schwellenmärkte schon deutlich länger zur Schwäche. Die Zinsen auf Staatsanleihen sanken in den USA schon seit dem Sommer 2018. Bereits ab August 2019 musste die US-Notenbank Fed wieder in den Finanzmärkten intervenieren. Hatte sie ihre Bilanz in den 22 Monaten zuvor um rund 680 Milliarden US-Dollar verkürzt, so kaufte sie allein in den sechs Monaten vor dem Ausbruch der Corona-Krise Wertpapiere für über 1000 Milliarden US-Dollar auf. Damit reagierte sie auf Engpässe im Markt für Refinanzierungen, ausgelöst durch Schieflagen von Fonds, die mit hohem Fremdkapitaleinsatz spekulierten. Die Börsianer feierten weiter, doch die Warnsignale waren schon lange vor Corona überdeutlich.

Diese Warnsignale waren durchaus ernst zu nehmen. Sie wiesen alle in die gleiche Richtung: in eine Welt, die immer mehr dem japanischen Weg in die Stagnation und in deflationäre Tendenzen folgt.

Corona beendete die Party

In diese Gemengelage aus hohen Schulden, geringem Eigenkapital und zunehmender Spekulation traf nun der Corona-Schock. Es kam zu der außerordentlichen Situation, dass wir es mit einer Finanzkrise zu tun bekommen, obwohl die Zinsen null oder gar negativ sind und die Risiken vordergründig außerhalb des Bankensystems liegen. Wie groß die Gefahr ist, sieht man an den Fälligkeiten der Anleihen: In den USA werden noch im Jahr 2020 fast 840 Milliarden US-Dollar Anleihen mit einem Rating von BBB oder schlechter fällig. Angesichts der aktuellen Entwicklung dürften nicht wenige Unternehmen erhebliche Schwierigkeiten haben, diese Anleihen zu refinanzieren. Besonders hart getroffen sind jene Unternehmen, die auf einem großen Fixkostenblock sitzen, also vor allem die Industrie.

Das Leverage-Spiel verläuft folgendermaßen:

- Unternehmen mit hohen Schulden merken plötzlich, dass der Cashflow sinkt. Das wirkt sich überproportional auf die Gewinne aus und gefährdet die Fähigkeit, Schulden zu bedienen. Das Rating wackelt. Kein Wunder, dass die Börsenwerte von Unternehmen mit hohen Schulden am stärksten gefallen sind.
- Die Anleihengläubiger dieser Unternehmen werden nervös und wollen verkaufen. Dabei merken sie, dass die Liquidität im Markt geringer ist als erwartet. Der Verkaufsdruck nimmt zu. Die Kurse von Anleihenfonds fallen.
- Die Börsianer erkennen, dass die Gewinnerwartungen – die ohnehin schon überzogen waren – nicht zu halten sind. Vor allem haben sie Angst, dass andere vor ihnen selbst verkaufen könnten. Die Kurse beginnen zu sinken.
- Alle, die auf Kredit gekauft haben, werden nervös.
- Die Verkaufswelle beginnt und verstärkt sich zunehmend. Margin Calls gewinnen an Häufigkeit, es geht nur noch um Liquidität. Deshalb fallen am Ende alle Werte, selbst jene von Gold und zu-

weilen sogar von Staatsanleihen. Es ist »De-Leveraging« – also die Umkehrung des oben beschriebenen Prozesses – in Höchstgeschwindigkeit. Es gilt das Bonmot: If you want to panic, panic first!

Und das sieht dann so aus wie in Abbildung 2.

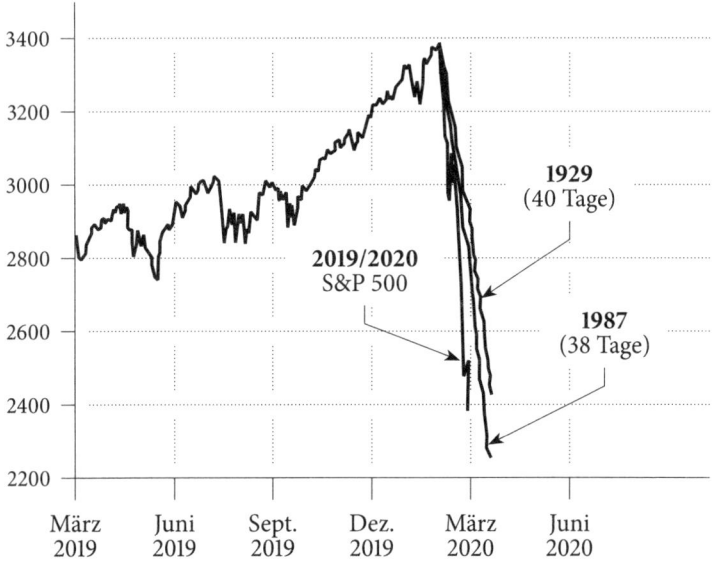

Abb. 2: Einbruch an der Wall Street im Vergleich mit 1929 und 1987
Quelle: BofA Global Investment Strategy, Bloomberg

Ebenso hart trifft es die Anleihenmärkte (siehe Abbildung 3). Wenig verwunderlich nach den obigen Ausführungen.

Damit legte das Virus die chronische Krankheit einer Wirtschaft offen, die zunehmend auf Spekulation anstelle von Investition setzt. Die Börsianer ergriffen die Flucht.

Das Virus hätte unstrittig Auswirkungen auf die Realwirtschaft gehabt. Dass es auf eine Finanzwelt traf, die – aufgepeitscht vom billigen Geld der Notenbanken – den Leverage auf die Spitze trieb, machte es viel schlimmer.

Wöchentliche Nettokäufe/-verkäufe börsengehandelter Anleihenfonds in Mrd. Dollar

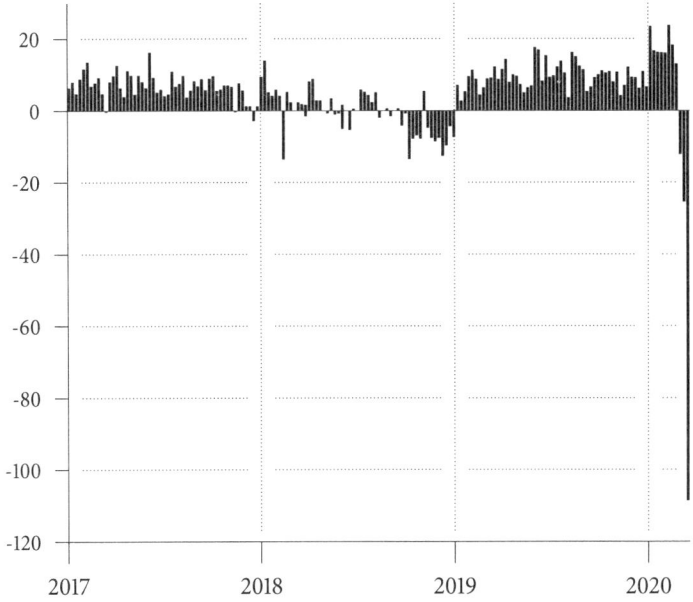

Abb. 3: Zu- und Abflüsse in Anleihenfonds
Quelle: EPFR Global © FT

Wie in der Finanzkrise 2009 haben wir es mit einem deflationären Schock zu tun. Verfallende Vermögenspreise führen, bedingt durch die hohe Verschuldung, bei immer mehr Wirtschaftsteilnehmern zu einem Zustand der Überschuldung. Eine Welle von Konkursen mit verheerenden Auswirkungen müsste zwangsläufig die Folge sein, wie wir am Verlauf der Großen Depression der 1930er-Jahre studieren können. Irving Fisher (1867 bis 1947), Professor in Yale, beschrieb den Ablauf in seiner »Debt-Deflation Theory of Great Depressions«[6] anschaulich. Eine Beschreibung, die auf jeden Prozess des De-Leveraging zutrifft, auch auf den vor uns liegenden, wenn die Politik nicht beherzt eingreift:

- Die Liquidation von Schulden führt zu Notverkäufen: Man muss seine Schulden tilgen und verkauft dafür Vermögensgegenstände.
- Dies führt zu einem Rückgang der Geldmenge, weil Bankdarlehen getilgt werden. Die Umlaufgeschwindigkeit des Geldes verlangsamt sich. Es wird weniger gekauft und verkauft.
- Der von den Notverkäufen verursachte Rückgang der Geldmenge und der Umlaufgeschwindigkeit drückt das Preisniveau beziehungsweise führt zu einer Aufwertung des Geldes. Wenn niemand mehr etwas kaufen will, sinken die Preise. Das nennt man Deflation.
- Das Angebot passt sich der Nachfrage an.
- Geht man davon aus, dass der Rückgang des Preisniveaus nicht von Reflation (also einer künstlich herbeigeführten Inflation) oder anderen Entwicklungen aufgefangen wird, so sinkt zwangsläufig das Reinvermögen der Unternehmen noch stärker, und die Insolvenzen häufen sich.
- Die Gewinne sinken, was in einer »kapitalistischen«, also auf private Gewinne angelegten Gesellschaft, Sorge vor potenziellen Verlusten auslöst, worauf mit einer Drosselung der Produktion, einer Reduktion des Warenangebots und Entlassungen reagiert wird.
- Verluste, Insolvenzen und Arbeitslosigkeit führen zu Pessimismus und Vertrauensverlust, die ihrerseits in Hamsterkäufen und im Horten von Waren münden und die Umlaufgeschwindigkeit des Geldes noch stärker bremsen.
- Die genannten Veränderungen stürzen den Kapitalmarkt in schwerwiegende Turbulenzen. Insbesondere fallen die Anleihenkurse, während die realen oder effektiven Zinssätze steigen. Es entsteht ein Teufelskreis.

Fisher nannte die Kombination von Überschuldung und Deflation eine Katastrophe. »Die beiden Krankheiten reagieren aufeinander«, sagte er. Überschuldung führe zu Deflation und »umgekehrt reagiert eine von Schulden ausgelöste Deflation auf die Verschuldung. Jeder Dollar, der als Kredit aufgenommen und noch nicht zurückgezahlt wurde, wiegt schwerer. Und wenn die Ausgangsverschuldung groß genug ist, kann die Rückzahlung oder Liquidation der Schulden nicht mit dem Preisverfall Schritt halten, den sie auslöst. In der Folge verpufft die Wirkung der Schuldenrückzahlung. Sie verringert die Summe der geschuldeten Dollars, aber der dadurch ausgelöste Wertverfall ist schneller«.

Dabei trifft der Prozess keineswegs nur die bösen Spekulanten. Es trifft jeden, der mit Kredit arbeiten muss, und damit die gesamte Wirtschaft: Restaurants, Hotels, Handwerker, Industriebetriebe. Alle haben finanzielle Verpflichtungen, denen sie sehr schnell nicht mehr nachkommen können, wenn sie keine Einnahmen mehr haben: Miete, Zins, Tilgung, Löhne, Steuern und Sozialabgaben. Alles will bezahlt werden, auch wenn die Kunden ausbleiben.

Irving Fisher hat schon vor fast 90 Jahren erklärt, wie man eine deflationäre De-Leveraging-Krise stoppt: Man muss die Vermögenspreise nach oben treiben, man muss die Liquidität bereitstellen, man muss quasi die Basis, auf der Kredite vergeben wurden, wiederherstellen. Klar, dass das immer schwieriger wird, je höher die Schulden sind.

Anfang April 2020 waren die ersten Risse im Finanzsystem zu erkennen. Zwar erholten sich die Börsen, basierend auf der Hoffnung, dass der Höhepunkt der Krise bald erreicht sein würde. Gleichzeitig mehrten sich die Indikatoren für deutlich gestiegene Risiken im Finanz- und Bankensystem. Kein geringerer als Stephen G. Cecchetti, der ehemalige Chefvolkswirt der Bank für Internationalen Zahlungsausgleich, rechnete vor, dass der Kapitalpuffer der Banken in Europa und den USA völlig unzureichend ist, um mit den Folgen des Schocks umzugehen.[7] Übersetzt bedeutet das, dass die Banken und das Finanzsystem erneut von den Staaten gerettet werden müssen. Nicht selten von Staaten, die selber schon unter (zu) hohen Schuldenlasten leiden.

Damit wird der Einbruch an den Finanzmärkten zu einem Problem für die Realwirtschaft, und die Kette Finanzmärkte-Realwirtschaft-Finanzmärkte verstärkt sich, wenn die Marktteilnehmer beginnen, daran zu zweifeln, dass es der Politik gelingt, diese Depression zu verhindern. Je länger die Krise andauert, desto geringer die Hoffnung, dass es ihr noch gelingt.

Das Virus
als ultimativer Schock

Schwache Wirtschaft, fragiles Finanzsystem. Im Januar 2020 sah es nicht danach aus, dass sich die positive Entwicklung weiter fortsetzen ließe. Zu sehr hatten sich die Finanzmärkte von der Realwirtschaft entfernt. Zu offensichtlich war die Gefahr, dass es zu einer Rezession, zu einem Platzen der Blase an den Finanzmärkten und dann zu einer sich beschleunigenden Abwärtsbewegung kommen könnte. Genau aus diesem Grund wurden die Rufe der internationalen Institutionen vom IWF über die OECD bis zur Weltbank lauter, die an die Regierungen appellierten, sich darauf vorzubereiten und vor allem Voraussetzungen zu schaffen, um mit staatlichen Ausgabenprogrammen – in Abstimmung mit den Notenbanken – dagegenhalten zu können. Niemand wusste, was der Auslöser sein würde. Und niemand ahnte, wie brutal das Erwachen wirklich werden würde.

Und dann kam mit SARS-CoV-2 der größte undenkbare Unfall. Der »schwarze Schwan«[1], mit dem keiner gerechnet hatte. Ein Schock, der alle bisher dargestellten Schocks in den Schatten stellte. Es drohe die »Mutter aller Rezessionen«, wie es der Präsident des Instituts für Weltwirtschaft der Universität Kiel, Gabriel Felbermayr, dem Handelsblatt sagte.[2] Das ist vermutlich noch untertrieben.

So wirkt das Virus auf die Wirtschaft

Das Virus ist ein sogenannter exogener Schock für die Wirtschaft. Plötzlich ändern sich die Rahmenbedingungen, die zuvor galten, grundsätzlich. Dabei unterscheidet man

- **EXOGENE SCHOCKS DES ANGEBOTS.** Das angebotene Volumen an Gütern und Dienstleistungen ändert sich deutlich. Zwei Beispiele für einen negativen Schock: der Ölpreisschock der 1970er-Jahre, als Öl plötzlich deutlich teurer wurde. Dieser Preisanstieg schlug auf die Gesamtwirtschaft durch. Auch die Öffnung Osteuropas und Chinas für den Weltmarkt war aus ökonomischer Sicht ein Schock, diesmal durch die Vergrößerung des weltweiten Arbeitskräfteangebots. Dies führte zu Lohndruck in den Industrieländern.
- **EXOGENE SCHOCKS DER NACHFRAGE.** Das nachgefragte Volumen an Gütern und Dienstleistungen ändert sich deutlich. Dies wäre beispielsweise bei protektionistischen Maßnahmen der Fall, etwa wenn neue Zölle die Nachfrage deutlich dämpfen.

Das Virus wirkte zunächst wie ein exogener Schock des Angebots. Das Schließen von Fabriken in China umfasste sehr schnell fast 90 Prozent der Exportkapazitäten des Landes und es war absehbar, dass aufgrund der internationalen Vernetzung der Produktionsketten in der ganzen Welt die Produktion ins Stocken geraten würde, weil Zulieferteile fehlten. Mit diesem Schock hätte man aus wirtschaftspolitischer Sicht noch recht einfach umgehen können. Man hätte den betroffenen Unternehmen Liquiditätshilfen zur Verfügung gestellt, die Mitarbeiter in Kurzarbeit geschickt und abgewartet. Irgendwann würden die fehlenden Teile schon kommen, man hätte dann entsprechend mehr produziert und den Ausfall in ein paar Wochen aufgeholt. Das war das, was man als »V« bezeichnet – ein tiefer Einbruch, von dem alle zu Recht annehmen, dass er nur temporär ist.

Schon in dieser Phase gab es einen Nachfrageschock, den die Bevölkerung im Westen aber kaum wahrnahm: Die Nachfrage in China brach deutlich ein, so zum Beispiel bei Autos um über 90 Prozent. Wenig verwunderlich, hat man doch in Quarantäne angesichts der medizinischen Herausforderungen andere Sorgen als den Kauf eines neuen Autos. Für Unternehmen, die nach China exportieren, war dies schon zu der Zeit, als es sich noch um eine regionale chinesische Virusepidemie zu handeln schien, ein massives Problem – vor allem für die deutsche Exportindustrie. China ist seit Langem einer der wichtigsten Handelspartner und lag mit Einfuhren aus Deutschland im Wert von 93 Milliarden Euro im Jahr 2018 auf dem dritten Platz hinter den USA und Frankreich. Ohne die stark gestiegenen Exporte nach China hätten wir in den vergangenen Jahren keine derartige, relativ gute Konjunktur erlebt.

Damit waren wir also schon bei der Gefahr eines »U« für die Entwicklung der Wirtschaft angekommen – eines Einbruchs, der etwas länger braucht, um überwunden zu werden. Auch in diesem Szenario sind die Maßnahmen für die Politik einfach. Es gibt zwar viele Exporteure, doch sind diese bekannt und man hätte mit dem gleichen Maßnahmenmix an Liquiditätshilfen und Kurzarbeit das Problem gelöst. Bessere Zeiten wären nur eine Frage der Zeit gewesen.

Allerdings verharrte das Virus nicht in China, sondern machte sich auf den Weg rund um die Welt. Während die direkten Nachbarländer Chinas – Taiwan, Vietnam, Singapur – frühzeitig und sehr konsequent auf das neuartige Virus reagierten und Südkorea mit Tests, Quarantänemaßnahmen und einem sehr gut funktionierenden Gesundheitswesen die Epidemie in den Griff bekam, haben die westlichen Länder – rückblickend gesehen – zu leichtfertig auf die Krise reagiert. Die Folge: In den späteren Phasen der Pandemie musste mit noch härteren Maßnahmen dagegengehalten werden.

Diese härteren Maßnahmen – die faktische Stilllegung des öffentlichen Lebens – entsprechen wiederum einem Angebotsschock (die Produktion von Waren und Dienstleistungen sinkt) und zugleich – und dies ist weitaus schlimmer – einem massiven Nachfrageschock. Die gesamtwirtschaftliche Nachfrage sinkt deutlich – wenn man von der temporären Wirkung von Hamsterkäufen aller Art absieht.

Eine solche Rezession gab es noch nie

Dieser Nachfrageeinbruch ist anders als »normale« Nachfrageeinbrüche. Wir beobachten nicht nur zeitgleich einen Rückgang des Welthandels und damit der Exporte und der Inlandsnachfrage, sondern wir haben ein ganz anderes Muster des Rückgangs der Nachfrage. Eine normale Rezession trifft vor allem die Hersteller langlebiger Konsum- und Investitionsgüter sowie deren Lieferanten. Indirekt leiden dann auch alle anderen Sektoren der Wirtschaft – von Reiseveranstaltern bis zu Restaurants und Kinos. Die Corona-Rezession trifft alle. Dabei trifft sie vor allem die Teile der Wirtschaft, die sonst immer nachgelagert von Krisen getroffen wurden – und das mit voller Wucht.

Denken wir an einen Kinobetreiber: Mögen in Rezessionszeiten die Menschen sparen und etwas weniger ins Kino gehen, so hat das Kino weniger Einnahmen und wird vielleicht ein paar Mitarbeiter einsparen. Das ist im konkreten Fall ärgerlich, führt zu geringeren Gewinnen, eventuell sogar zu Verlusten, ist aber nur manchmal existenziell bedrohlich. Natürlich gibt es auch in normalen Rezessionen den einen oder anderen Konkurs von Unternehmen, doch dies ist – so schmerzhaft es im Einzelfall sein mag – ein normaler Ausleseprozess. Die stärkeren Unternehmen überleben und damit wird die Wirtschaft insgesamt wettbewerbsfähiger.

Heute haben wir es aber nicht mit Umsatzrückgängen von ein paar Prozent zu tun. Müssen Geschäfte, Hotels und Restaurants geschlossen werden, fliegt und fährt niemand mehr, weil alle zu Hause bleiben müssen, so geht der Umsatz Richtung null. Dabei sind meistens schon Umsatzrückgänge ab zehn Prozent existenzgefährdend.

Wir alle haben Schulden

Es lohnt sich, einen ausführlicheren Blick auf diese Zusammenhänge zu werfen.

Beginnen wir mit dem Fall eines einzelnen Arbeitnehmers. Wenn dieser arbeitslos wird, fällt sein Einkommen – quasi sein Umsatz – auf null. Nehmen wir hypothetisch an, er würde umsonst wohnen und essen, so wäre das kein großes Problem. Er hätte keine Existenznot. In der Praxis ist das anders. Wir alle haben laufende Kosten für den Lebensunterhalt: Essen, Wohnen, ein gewisses Maß an »sozialer Teilhabe«, also Handykosten, Restaurant- und Kinobesuche oder Fußballspiele. Folglich brauchen wir laufende Einkommen, und selbst dann, wenn wir Ersparnisse haben, reichen diese nur für eine gewisse Zeit.

Für die Belange der Arbeitnehmer sorgt der moderne Sozialstaat. Nicht zuletzt als Lehre aus der Weltwirtschaftskrise und den politischen Folgen der damaligen Armutswelle springt bei Arbeitnehmern die Arbeitslosenversicherung ein. Bei allen Bürgern greift zudem die soziale Sicherung – Hartz IV –, sofern die Ersparnisse nicht ausreichen.

Damit sehen wir schon das erste Problem: Die Absicherung greift, allerdings müssen zunächst die Ersparnisse aufgelöst werden. Diese Regelung ist in normalen Zeiten richtig, weil der Anreiz gegeben werden soll, bei Arbeitsplatzverlust möglichst rasch einen neuen Job zu suchen. Dies deshalb, weil man aus empirischen Studien weiß, dass die Wahrscheinlichkeit, einen Job zu finden, mit der Dauer der Arbeitslosigkeit abnimmt. Im Fall eines Nachfrageschocks, wie wir ihn gerade erleben, ist das absolut falsch. Jede Minderung der Ersparnisse der Bürger führt zu einer erhöhten Sparneigung. Wenn die wirtschaftliche Entwicklung sich bessert, wird dies die Erholung lähmen.

Auf der Ebene des Individuums ist also mit keiner Existenzbedrohung zu rechnen, wenn wir davon ausgehen, dass es keine weiteren Verpflichtungen gibt. Ernährung und Wohnen sind gesichert –

für den Einzelnen, aber auch für seine Familie. Zwar dürften in vielen Fällen die finanziellen Möglichkeiten schrumpfen, doch dies gilt nur temporär.

Problematisch wird es, wenn Individuen darüber hinausgehende Verbindlichkeiten haben, zum Beispiel ausstehende Kredite. Hier besteht die Gefahr, dass diese nicht mehr bedient werden können, weil die Sozialtransfers dazu nicht ausreichen. Hier drohen Zahlungsverzug und Privatinsolvenz.

Operativer und finanzieller »Leverage«

Erweitern wir unser Beispiel. Bisher ging es darum, dem betroffenen Bürger bei der Bewältigung der laufenden Ausgaben zu helfen. Jetzt blicken wir auf den typischen Selbstständigen, quasi die kleinste unternehmerische Einheit. Dieser hat nicht nur das Problem, seine privaten laufenden Ausgaben zu begleichen, sondern daneben noch weitere finanzielle Verpflichtungen: Miete, eingekaufte Waren, Löhne für Mitarbeiter, Einkommensteuern, Umsatzsteuervorauszahlungen, Sozialabgaben.

Der Grad des Problems lässt sich mit dem sogenannten operativen Leverage erfassen. Er beschreibt die Auswirkungen von Schwankungen der Umsätze auf die Gewinnsituation in Abhängigkeit von der Kostenstruktur. Sind beispielsweise die Kosten zu 100 Prozent variabel, so droht nie ein Verlust. Wenn es keinen Umsatz gibt, fallen auch keine Kosten an. Es gibt dann zwar keinen Gewinn, aber eben auch keinen Verlust. Ein Beispiel dafür bietet der Zeitungsausträger, der dann, wenn es keine Zeitungen auszutragen gibt, einfach zu Hause bleibt.

Das andere Extrem bildet ein Unternehmen mit 100 Prozent fixen Kosten – Kosten, die also auch dann anfallen, wenn gar nichts hergestellt wird. Einen solchen Fall dürfte es nicht geben, aber generell haben wir es gerade in Deutschland mit immer mehr Unternehmen zu tun, die aufgrund von Automatisierung weniger Möglichkeiten haben, die Kosten kurzfristig zu beeinflussen.

Abbildung 4 verdeutlicht den Zusammenhang.

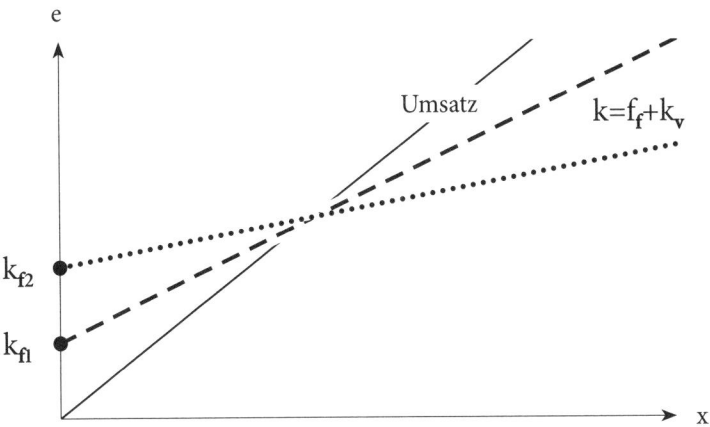

Abb. 4: Die Wirkung des operativen Leverage

Quelle: business-tips.de, abrufbar unter https://www.business-tips.de/finanzwirtschaftlicher-und-operativer-leverage-effekt/

Kurz zum Verständnis der Abbildung: Die Variable x steht für die hergestellte und verkaufte Menge, e steht für den Umsatz, also die Menge x, multipliziert mit dem Verkaufspreis pro Stück, und kf2 sowie kf1 für verschiedene Kostenverläufe. kf2 beginnt mit höheren Fixkosten und hat dann geringere variable Kosten, kf1 hat geringere fixe Kosten und dafür höhere variable Kosten. Links des Schnittpunkts zwischen den Kostenlinien und der Umsatzlinie beginnt die Verlustzone, rechts davon die Gewinnzone. Man sieht deutlich, dass im Fall von kf2 die Verluste mit sinkenden Umsätzen sehr schnell deutlich größer werden als bei kf1, wo der Unternehmer größere Anpassungen vornehmen kann. Der operative Leverage-Effekt misst das Verhältnis von relativer Bruttogewinnänderung zu relativer Umsatzänderung. kf2 hat also in dieser Definition einen höheren operativen Leverage und ist damit riskanter.

Klar wird auch: Je stärker der Umsatzrückgang, desto größer fallen die Verluste aus. Egal wie hoch der operative Leverage ist, es kommt – außer in den seltenen Fällen mit 100 Prozent variablen Kosten – unweigerlich zu Verlusten, wenn die Umsätze wie in der Corona-Krise wegbrechen.

Neben dem operativen Leverage gibt es außerdem noch den finanziellen, also neben den operativen Kosten des Unternehmens auch noch finanzierungsbedingte, konkret Zinsen und Tilgung. Dies ist relevant, weil nur die wenigsten Unternehmen ohne Fremdmittel auskommen. So liegt der Eigenkapitalanteil deutscher Unternehmen bei 31 Prozent (2018), wobei die kleineren Unternehmen mit bis zu zehn Mitarbeitern nur rund 22 Prozent Eigenkapital haben.[3] Gerade bei vielen Kleinunternehmen dürfte die Eigenkapitalquote noch deutlich niedriger liegen.

Je höher der Eigenkapitalanteil, desto stabiler ein Unternehmen – je geringer, desto größer die Gefahr von Konkursen im Fall eines Geschäftsrückgangs. Geht ein Unternehmen insolvent, so führt dies wiederum zu weiteren Verlusten in der Wirtschaft. Es gibt eine Welle weiterer Ausfälle, verlieren doch zum Beispiel Lieferanten ihre Forderungen und werden selbst insolvent.

Neben dem Eigenkapital spielt die Liquidität eine entscheidende Rolle, weshalb die meisten Rettungsprogramme auch hier ansetzen. Zwar ist die Liquidität der Unternehmen in den letzten Jahren auf durchschnittlich rund sechs Prozent vom Umsatz gestiegen.[4] Übersetzt bedeutet dies: Sobald der Umsatz auf null gefallen ist, ist die Kasse nach 22 Tagen leer.

Ein Beispiel zum Anfassen

Nehmen wir ein konkretes Unternehmen. Es handelt sich um ein Restaurant in Berlin, das im Jahr mit 13 Mitarbeitern einen Umsatz von rund 500 000 Euro erzielt. Nach allen Kosten und nach Steuern bleiben den beiden Geschäftsführern jeweils rund 25 000 Euro übrig. Davon bestreiten sie ihren Lebensunterhalt und müssen für das Alter vorsorgen.

Ein einfacher Blick auf die Umsätze und Kosten, bezogen auf den Monat März, zeigt das Ausmaß der Probleme (siehe Abbildung 5).

Seit dem Appell von Angela Merkel am 18. März 2020, sich an die Regeln des Umgangs während der Corona-Pandemie zu halten, ist der Umsatz um gute 50 Prozent eingebrochen. Das Restaurant wurde geschlossen, allen Mitarbeitern gekündigt. Es gibt noch den Außer-Haus-Verkauf, weshalb immer noch Umsatz erzielt wird. Die Personalkosten sind gesunken, liegen wegen der Kündigungsfristen aber noch nicht bei null. Während einige Mitarbeiter sich nach der Kündigung krankschreiben ließen, kommen andere noch zur Arbeit. Die Kündigungsfrist führt bei sinkendem Umsatz zu einem steigenden Personalkostenanteil.

Voll variabel sind die Kosten für Strom, Wasser, Gas und Reinigung. Der Anteil des Wareneinkaufs geht wegen geringerer Abnahmemengen und dem allgemeinen Umfeld – alle haben mit den Folgen des Corona-Schocks zu kämpfen – leicht nach oben. Die anderen Kostenpositionen – Miete, Versicherung, Kfz-Steuer, Müllentsorgung, Betriebsbedarf etc. – sind fix und bleiben daher absolut gesehen gleich.

Es ist offensichtlich, dass schon jetzt Verluste erwirtschaftet werden. Kommt es zu noch größeren Einschränkungen und sinkt der Umsatz weiter, so gibt es praktisch für die Geschäftsführer keine Hebel mehr, um gegenzusteuern. Der Verlust wird größer. Ohne finanzielle Hilfe könnte das Unternehmen noch bis Mai durchhalten. Bekommt es ein Darlehen, so würde dieses Darlehen die Insolvenz nur aufschieben, aber nicht verhindern. Dies liegt daran, dass nicht genügend Cashflow erwirtschaftet wird, um die Schulden zu bedienen und zu tilgen.

So wie diesem Unternehmen ergeht es Hunderttausenden in ganz Deutschland. In einem Wirtschaftssystem, in dem es immer eine »Vorfinanzierung« gibt, die hinter jedem Geschäft steht, führt ein

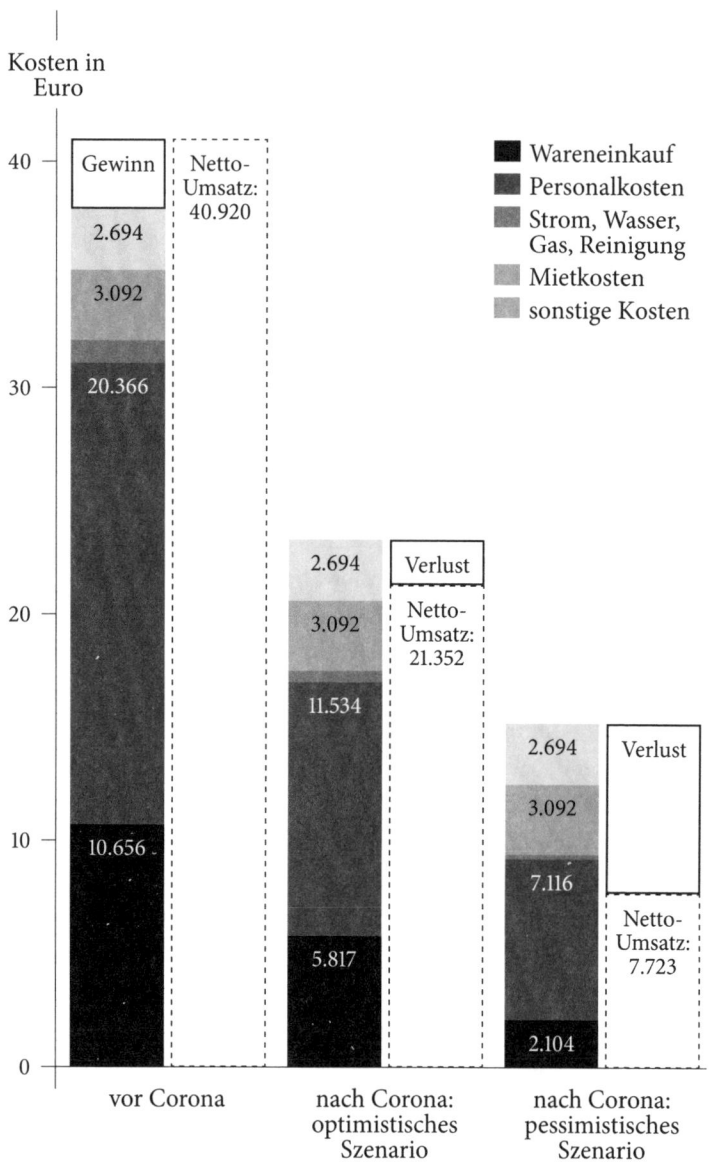

Kosten in
Euro

	Wareneinkauf
	Personalkosten
	Strom, Wasser, Gas, Reinigung
	Mietkosten
	sonstige Kosten

vor Corona

Gewinn

Netto-Umsatz: 40.920

2.694
3.092
20.366
10.656

nach Corona: optimistisches Szenario

2.694
3.092
11.534
5.817

Verlust

Netto-Umsatz: 21.352

nach Corona: pessimistisches Szenario

2.694
3.092
7.116
2.104

Verlust

Netto-Umsatz: 7.723

Abb. 5: Umsatz und Kosten vor/nach Corona

Quelle: Buchhaltungsdaten

Wegbrechen der Nachfrage zwangsläufig zu einer Welle an Konkursen. An deren Ende wankt auch das Finanzsystem.

Steuert man nicht gegen, so ist eine Wirtschaftskrise die Folge, die die Weltwirtschaftskrise der 1930er-Jahre in den Schatten stellt, werden doch – wie schon erwähnt – zuerst genau jene Unternehmen getroffen, die sonst am Ende des Abschwungs stehen.

Künstliches Koma für die Wirtschaft

Es mangelt nicht an Programmen, die Notenbanken und Staaten weltweit ankündigen, um die wirtschaftlichen Folgen der Corona-Pandemie aufzufangen. Dabei kann man sich des Eindrucks nicht erwehren, dass die Verantwortlichen die gewaltigen Schäden zwar erahnen und entsprechend großzügig und kämpferisch agieren, zugleich aber nicht so richtig wissen, wo sie ansetzen sollen.

Einen Vorwurf kann man ihnen daraus nicht machen, ist es doch eine für uns alle neue Situation. Zwar gibt es die Lehren aus der Finanzkrise, doch diese passen nicht. Heute genügt es nicht, die Bilanzen der Banken zu sanieren – durch Kapitalzuschuss, durch Manipulation der Vermögenspreise nach oben und durch Schönen der Bücher. Stattdessen muss man echte Einnahmen ersetzen. Das ist ungleich schwerer zu organisieren und vor allem ungleich teurer.

Die Politik setzt auf Liquiditätshilfen

Die Politik setzt nicht nur in Deutschland auf Liquiditätshilfen. Als ich diese Zeilen schrieb, war Folgendes angekündigt:[1]

- Ein Hilfspaket von 50 Milliarden Euro für Soloselbstständige und andere Kleinstfirmen. Selbstständige und Unternehmen mit bis zu fünf Beschäftigten erhalten bis zu 9000 Euro, Selbstständige und Unternehmen mit bis zu zehn Beschäftigten erhalten bis zu 15000 Euro. Außerdem erhalten Selbstständige leichter Zugang zur Grundsicherung (Hartz IV), wobei die Vermögensprüfung für sechs Monate ausgesetzt wird.

- Anpassung der Kurzarbeiterregelung: Betroffene Unternehmen können Lohnkosten und Sozialabgaben von der Bundesagentur für Arbeit bezahlen lassen. Leiharbeitnehmer sind künftig eingeschlossen und es müssen nur zehn Prozent der Beschäftigten von Kurzarbeit betroffen sein, damit die Regelungen greifen. Zugleich wird eine Anhebung des Kurzarbeitergeldes diskutiert.
- Unbegrenztes »Milliarden-Schutzschild« für Betriebe und Unternehmen. Über ihre Hausbanken erhalten Unternehmen Zugang zu Krediten und Bürgschaften der staatlichen Kreditanstalt für Wiederaufbau (KfW). Dazu gründet der Staat einen »Wirtschaftsstabilisierungsfonds«, der 400 Milliarden Euro für Bürgschaften und 100 Milliarden Euro für »Kapitalmaßnahmen«, also direkte staatliche Beteiligungen, umfasst.
- Steuerstundungen auf Antrag, wenn Unternehmen »unmittelbar vom Corona-Virus betroffen sind«. Bis Ende des Jahres 2020 wird auf Vollstreckungsmaßnahmen und Säumniszuschläge verzichtet. Auch die Voraussetzungen, um Vorauszahlungen von Steuerpflichtigen anzupassen, werden »erleichtert«.

Abgesehen von den Direkthilfen für Kleinunternehmen und Selbstständige handelt es sich um Liquiditätshilfen in Form von Krediten und Staatsbeteiligungen. Diese laufen über die Hausbanken der Unternehmen, die die Finanzlage am besten kennen. Die Banken müssen jedoch bei der Vergabe der Kredite, die sie von der KfW durchreichen, darauf achten, dass der Schuldner kreditwürdig ist. Dies auch, weil sie zehn Prozent der Summe aus eigenen Mitteln ausreichen müssen. Die Folge: Es häufen sich die Probleme mit der Kreditvergabe, weil die Sicherheiten und die Ertragskraft der Unternehmen nicht ausreichen. Die Banken forderten deshalb schon Anfang

April 2020 eine völlige Freistellung von den Risiken.[2] Dies zu Recht, haben wir doch bereits gesehen, dass das europäische Bankensystem – und auch die deutschen Banken – durch Finanzkrise und Nullzinspolitik nachhaltig geschwächt sind.

Doch was bedeutet es, wenn Banken keine Kredite vergeben wollen, obwohl sie nur zehn Prozent des Risikos tragen sollen? Es bedeutet, dass die Banken es für äußerst unwahrscheinlich halten, dass die Unternehmen in der Lage sind, die Kredite zu bedienen.

Wenn nun der Staat die Risiken zu 100 Prozent übernimmt, ändert das nichts am eigentlichen Kernproblem der Maßnahmen. Diese laufen darauf hinaus, dass die betroffenen Unternehmen Schulden machen und im Extremfall den Staat als stillen Eigentümer bekommen. Nicht selten dürften die Schulden den Unternehmer überlasten. Und wer hat schon gern den Staat als Eigentümer? Deshalb ist die rationale Entscheidung jedes Unternehmens, diesen Punkt so weit wie möglich zu vermeiden. Dies bedeutet: Kosten senken, so schnell es geht, also Entlassungen und Auftragsstornierungen, was den Abschwung verstärkt. Anders als es die Schlagzeilen zu den großen Beträgen suggerieren mögen, wirkt das Programm nicht, wie es sollte.

Ein Systemwechsel als unvermeidliche Folge?

Hinzu kommt, dass die staatliche Rettung, wenn sie in dieser Form organisiert wird, unsere Wirtschaftsordnung massiv verändert. Wir beschreiten einen Weg zu einer immer stärker staatlich dominierten Wirtschaft, was nur umso wahrscheinlicher wird, je länger die Krise andauert und je tiefer der Einbruch der Wirtschaftstätigkeit ist. Nicht wenige Beobachter sehen darin einen guten Weg, weil es ja nur richtig sei, dass der Staat als Gegenleistung für seine Hilfe einen Anteil an Unternehmen bekommt. Dabei wird gern auf die Finanzkrise Bezug genommen und angemerkt, dass es nur so möglich sei, sicherzustellen, dass wir nicht wieder eine Situation haben, in der wir Gewinne privatisieren und Verluste sozialisieren.

Diese Logik hinkt aber. Während die Unternehmen, die in der Finanzkrise in Schwierigkeiten gerieten, diese selbst zu verantworten hatten, ist es diesmal eine Krise, die alle unschuldig trifft, wenn auch unterschiedlich. Sollte hier nun der Staat zu einem wichtigen Akteur werden, so hat dies erhebliche negative Folgen:[3]

- Der Staat wird vor allem Großunternehmen helfen, einfach schon aus Effizienzgründen. Dabei ist das Rückgrat der deutschen Wirtschaft der Mittelstand. Diesem muss geholfen werden, und wenn dies über Kredite erfolgt, schwächt das die Unternehmen auf Jahre.
- Wettbewerbsverzerrungen sind ebenfalls zu erwarten. Unternehmen mit Staatsbeteiligung werden einen Vorteil gegenüber jenen haben, die mit eigenen Mitteln versuchen, über die Runden zu kommen. Damit werden diejenigen bestraft, die eigene Mittel in ihren Unternehmen einsetzen. So dürften die Finanzierungskosten der Unternehmen mit Staatsbeteiligung dauerhaft unter jenen der freien Wirtschaft liegen.
- Der Staat muss seine Beteiligungen kontrollieren und managen. Man darf skeptisch sein, ob es gelingt, ausreichend qualifizierte Beamte und Politiker für diese Aufgabe zu finden.
- Aus der Finanzkrise wissen wir – siehe Commerzbank –, dass es Jahrzehnte dauern kann, bis der Staat wieder aussteigt. Es droht ein Postenparadies für Politiker, was weder gut für die Unternehmen ist noch dafür spricht, dass sich der Staat schnell wieder zurückzieht.
- Auch droht der Erhalt von Unternehmen, die ohnehin keine Zukunft haben. Entweder weil sie schon vor der Corona-Krise nur dank Nullzinspolitik lebensfähig waren oder aber weil in der neuen Welt nach Corona ihre Dienstleistungen und Produkte nicht mehr wie zuvor nachgefragt werden. Ökonomen sprechen bei solchen Unternehmen von »Zombies« und der starke Anstieg

des Anteils solcher Unternehmen wird als eine Ursache des Rückgangs der Produktivitätsfortschritte in den letzten Jahren gesehen.[4] Eine weitere »Zombifizierung« würde das noch verstärken und so das künftige Wachstum hemmen.

Was droht, ist ein Systemwechsel durch die Hintertür. Die Öffentlichkeit steht – so zumindest das Stimmungsbild Anfang April 2020 –, hinter diesen Maßnahmen. Ohnehin zeigten Umfragen schon weit vor Corona, dass sich die Bürger eine größere Rolle des Staates wünschen.[5] Politiker träumten vom »demokratischen Sozialismus« und Enteignungen sowie Verstaatlichungen zur Verwirklichung einer »gerechten Gesellschaft«.[6] Nun scheinen wir auf dem besten Weg in diese Richtung zu sein.

Hierin liegt eine enorme Gefahr, denn die Nebenwirkungen wären erheblich: zunehmende Konzentration und weniger Wettbewerb, Bevorzugung von Großunternehmen, staatliche Einflussnahme statt betriebswirtschaftlicher Effizienz. Kurzgefasst, ein Weg, der zwangsläufig weniger Wachstum und damit Wohlstand bedeutet. Wir sollten einen anderen Weg gehen.

Ein künstliches Koma wäre die Lösung gewesen

Damit kommen wir zu der Frage, was denn zu tun wäre, um die Krise zu dämpfen und die Wiederholung der Großen Depression zu vermeiden. Die Maßnahmen müssen meiner Meinung nach am Existenzproblem der Unternehmen ansetzen, und zwar beginnend beim Einzelunternehmer und bis hin zum Weltkonzern. Das zeigt bereits, wie schwierig es für die Politik ist, sind doch Rettungsaktionen für große Unternehmen viel leichter zu organisieren als für viele kleine Unternehmer. Da kann es gut sein, dass die Hilfe zu spät kommt.

Im März 2020 erklärte ich in verschiedenen Beiträgen, wie wir es machen könnten:[7] Die Wirtschaft müsste in ein künstliches

Koma versetzt werden. Aus der Medizin kennen wir das: »Ein künstliches Koma ist eine lange Vollnarkose, die über Tage – in seltenen Fällen über Wochen – eingesetzt wird. Mithilfe von Narkose- und Schmerzmitteln wird der Patient kontrolliert in einen Zustand versetzt, in dem Bewusstsein und Schmerz ausgeschaltet sind.«[8] Bezogen auf die Wirtschaft würde das bedeuten, dass wir für eine bestimmte Zeit alles einstellen: Lohnzahlungen, Mieten, Zinszahlungen. Wir täten einfach so, als würde ein Quartal ökonomisch nicht stattfinden. Es gäbe keine Umsätze, aber es gäbe auch keine Verpflichtungen.

Beispiel Miete: Der Betreiber eines Kaffees kann die Miete nicht mehr bezahlen, weil er geschlossen hat. Der Vermieter verzichtet auf die Miete und im Gegenzug muss er keine Zinsen und keine Tilgung bezahlen und die Bank wiederum keine Löhne und keine Zinsen. Wir stellen alles ein und in drei Monaten – wenn wir annehmen, dass das Koma solange andauert – fangen wir dort an, wo wir aufgehört haben, und tun so, als hätte es die Zeit dazwischen nicht gegeben.

In diese Richtung ist die Bundesregierung gegangen, aber eben nur ein bisschen. So darf Mietern nicht gekündigt werden, wenn sie, bedingt durch den Kampf gegen COVID-19, ihre Mieten zwischen dem 1. April und dem 30. Juni nicht bezahlen können. Die Miete wird bis zum Juni 2022 gestundet. Eine Stundung ist allerdings nichts anderes als eine Art Zwangskredit des Vermieters und damit auch keine völlige Entlastung des Mieters. Zudem fehlt eine korrespondierende Entlastung des Vermieters, der ja ebenfalls finanzielle Verpflichtungen hat, beispielsweise für Zins und Tilgung. Um die Banken zu schonen, wird hier einseitig die Last auf die Vermieter verlagert, die – entgegen der allgemeinen öffentlichen Wahrnehmung – nach Berechnungen des Deutschen Instituts für Wirtschaftsforschung (DIW) meist mit geringen Renditen von ein bis zwei Prozent arbeiten.[9]

Das künstliche Koma wie oben beschrieben geht offensichtlich nur in der Theorie. In der Praxis haben wir keinen kompletten Shutdown der Wirtschaft, wir haben echte Ausgaben – zum Beispiel für Nahrungsmittel – und viele Menschen haben unabhängig von der Wirtschaftslage ein Einkommen, so Rentner.

Deshalb müssen wir uns mit den Maßnahmen in der Praxis so nah wie möglich an den Zustand des künstlichen Komas annähern.

Für Menschen, die aufgrund des Virus weniger oder keine Einnahmen haben, muss es einen Ausgleich geben, der wirtschaftlich dem Gedanken des künstlichen Komas am nächsten kommt. Dieser Ausgleich muss dafür sorgen, dass es nach der Komaphase keine Schmerzen mehr gibt. Also auch keine zusätzlichen Verpflichtungen, die vor dem Koma nicht bestanden haben. Ich wiederhole es nochmals: Es muss so sein, als hätte es diese Monate nicht gegeben.

Wenn nun von der Politik Liquiditätshilfen in Form von Darlehen oder direkten Beteiligungen des Staates an Unternehmen angeboten werden, ist diese Bedingung nicht erfüllt. Wenn die Betroffenen nämlich aus dem Koma erwachen, sehen sie sich mit finanziellen Lasten konfrontiert, die sie vorher nicht hatten und die sie oftmals nicht abtragen können. Gerade Restaurants, Hotels, Reiseveranstalter und Kinos – um ein paar Beispiele zu nennen – können den verlorenen Umsatz nicht wieder wettmachen. Ein Auto mag man ein paar Monate später kaufen, aber in das Restaurant geht man nicht doppelt oder dreimal so häufig, um frühere Mahlzeiten nachzuholen.

Staatliche Umsatzausfallzahlung

Wir müssen also als Gesellschaft den Umsatzausfall ersetzen. Die künftigen Umsätze kennen wir nicht, aber wir kennen die Steuerzahler Deutschlands. Getrost dürfen wir davon ausgehen, dass nur Steuerzahler von dem Einbruch der Wirtschaft getroffen sind.

Dabei haben wir die folgenden verschiedenen Gruppen von Steuerzahlern auf Einkommen:

- Bei Arbeitnehmern wird die Lohn- und Einkommensteuer direkt an der Quelle abgezogen. Tritt Arbeitslosigkeit ein, wird Einkommen durch Sozialleistungen aufgefangen. Weitere unternehmerische Verpflichtungen sollten hier nicht bestehen, nur eventuelle private finanzielle Verpflichtungen aus Krediten.[10] Hier wäre es denkbar, dass wir pauschal die Arbeitslosengelder und die Kurzarbeiterzahlungen (bereits teilweise geschehen) deutlich erhöhen. Diese sollten ab Tag eins gezahlt werden.
- Im Fall von Selbstständigen und Unternehmen, die Einkommensteuer zahlen, sind die Einkünfte der vergangenen Jahre bekannt. Das Finanzamt kennt diese aus den Steuererklärungen der vergangenen Jahre. Hier sollte das Finanzamt in jedem Monat, den die Komaphase andauert, einen Betrag in Höhe von einem Zwölftel des Jahresumsatzes des letzten verfügbaren Jahres auf das Konto des Unternehmens überweisen.
- Bei Unternehmen, die Körperschaftsteuer zahlen, wird genauso vorgegangen. Auch sie bekommen den geschätzten entgangenen Umsatz gutgeschrieben.

Entscheidend ist, dass dies ohne Antrag und ohne Bedürftigkeitsprüfung erfolgt. Alle werden so gestellt, als wäre nichts passiert.

Im kommenden Jahr müssen dann alle Bürger, die Zahlungen vom Staat erhalten haben, dem Fiskus ihren Geschäftsverlauf des Jahres 2020 erklären. Davon ausgehend würden sich die folgenden Zahlungsverpflichtungen der Empfänger ergeben:

- Entspricht der erzielte Umsatz – inklusive der erhaltenen Umsatzausfallzahlungen des Staates – dem Umsatz im Jahr 2019, so behält der Empfänger die Zahlung und versteuert den sich ergebenden Gewinn.
- Liegt der erzielte Umsatz – inklusive der erhaltenen Umsatzausfallzahlungen – über dem Niveau von 2019, so ist der Teil der Ausfallzahlungen zu erstatten, der nicht erforderlich war, um das Umsatzniveau 2019 zu halten.

- Wenn ein Unternehmen einen Teil oder den gesamten Umsatzausfallzuschuss des Staates behält, darf der Gewinn ebenso wie der Umsatz nur auf dem Niveau des Vergleichsjahres liegen. Erzielt ein Unternehmen einen höheren Gewinn, so wird die Differenz zu 100 Prozent besteuert. Damit gibt es auch einen Anreiz, Mitarbeiter nicht zu entlassen.

So oder so ist in diesem Modell der Umsatz auf dem Niveau von 2019 garantiert. Unternehmer können die Erstattung der Umsatzausfallzahlung umgehend leisten, wenn sie nicht auf die Zahlungen angewiesen sind; spätestens bei Abgabe der Steuererklärung für das Jahr 2020 wären die unnötig zugeflossenen Gelder zurückzuzahlen. Die Politik könnte auch einen Anreiz geben, unnötige Umsatzausfallzahlungen sofort zurückzuzahlen, zum Beispiel, indem bei Rückzahlung innerhalb eines Monats ein Skonto gewährt wird.

Der Vorteil einer solchen Vorgehensweise liegt auf der Hand: Sie wirkt wirtschaftlich wie das Koma, ist einfach umzusetzen und kann im Nachhinein, wenn die Krise überwunden ist, korrigiert werden, indem jene, die die Zahlung des Staates nicht benötigen, den entsprechenden Betrag nach Abgabe der Einkommensteuererklärung erstatten müssen.

Wäre das gerecht? Im Einzelfall vielleicht nicht, in der Summe schon. Natürlich mag es Unternehmen geben, die auch ohne Corona einen Umsatzrückgang erlebt hätten. Es wird auch Fälle geben, in denen das Geld verloren ist, weil die Empfänger die Zahlungen falsch verwenden. Die korrespondierenden Beträge dürften aber relativ zum Gesamtvolumen vernachlässigbar sein. Ebenso mag die Gefahr bestehen, dass einzelne Empfänger sich über die Zahlung freuen und gar kein Interesse daran haben, zu arbeiten. Dies dürften aber vor allem Solo-Unternehmer sein – und auch diese nur in begrenzten Umfang. Unternehmer mit Angestellten und Infrastruktur – Büroräume oder Ladengeschäft – werden einem solchen Modell nicht folgen, weil sie andernfalls ihr Unternehmen nachhaltig gefährden würden. Außerdem wäre der Gewinn auf dem Niveau von 2019 gedeckt. In der Summe also ein vernachlässigbarer Punkt.

Kritiker dieses Vorschlags bemängelten, es sei nicht gut, den Unternehmen auch noch den Gewinn zu garantieren. Dieser Einwand kam von Nicht-Unternehmern, die meist keine Vorstellung davon haben, wie gering die Margen und Gewinne der meisten Selbstständigen sind. Wir haben das Beispiel des Restaurants aus Berlin gesehen. Bei einem Umsatz von rund 500 000 Euro im Jahr und immerhin 13 Mitarbeitern bleiben den zwei Eigentümern nach Steuern jeweils nur rund 25 000 Euro in der Tasche. Das ist wahrlich kein hohes Gehalt, wenn man an die erheblichen persönlichen Risiken (Haftung für Miete etc.) und die langen Arbeitszeiten denkt. Hier zu helfen, ist aus meiner Sicht gerechtfertigt.

Der entscheidende Vorteil ist, dass jedes Unternehmen weiß, welchen Umsatz es inklusive der staatlichen Überweisung erzielt. Niemand muss sich Sorgen machen, zu viele Schulden anzuhäufen, niemand damit rechnen, dass sein Eigentum auf den Staat übergehen könnte. Vor allem ist das Verfahren unbürokratisch und transparent. Die Mitarbeiter des Finanzamts müssten sich für die Dauer der Krise auf diese Aufgabe konzentrieren.

Wir reden von einem theoretischen Maximalbetrag von 25 Prozent des deutschen BIP des Jahres, wenn wir davon ausgehen, dass die wirtschaftliche Aktivität drei Monate lang komplett brachliegt. Dem wird aber nicht so sein, weshalb wir eher mit einer Größenordnung von zehn Prozent des BIP rechnen sollten. Selbst bei 25 Prozent stiege die Verschuldung des deutschen Staates auf die Größenordnung von 90 Prozent des BIP. Dieser Satz liegt weit unter dem Niveau, das die meisten anderen EU-Staaten schon vor dem Corona-Schock zu verzeichnen hatten.

Ein »gedankliches Koma« ist effektiv und effizient

Wir haben verschiedene Probleme, die sich gegenseitig verschärfen und in der Summe zu einem sich verstärkenden Abschwung führen. Die Unternehmen wissen nicht, wie heftig und wie lange sie unter der Krise leiden werden. Sie wissen nicht, ob und wie die Hilfe des Staates wirkt, und sie fürchten die längerfristigen Konsequenzen. Wer künftig Schulden tilgen oder den Staat als Miteigentümer loswerden müsste, der setzt alles daran, erst gar nicht in diese Situation zu kommen, sondern sie zu verhindern. Also baut er Kosten um jeden Preis ab, und das verstärkt die Krise. Der Komaansatz ist im Vergleich damit besser.

Die kurzfristige Finanzierung der mit dem Komaansatz verbundenen Ausgaben ist im heutigen Nullzinsumfeld gar kein Problem. Die Bundesregierung dürfte die Gelder umsonst bekommen oder gar daran verdienen. Die langfristige Finanzierung sollten wir im Zusammenhang mit der Eurozone klären.

Wer zumacht, muss auch wieder aufmachen

Die gute Nachricht: Auch die Corona-Krise wird zu Ende gehen. Die schlechte: Es könnte länger dauern, als wir uns das im Frühjahr 2020 vorstellen können. Je nachdem, wie lange der ökonomische Schock andauert, wie stark die Schockwellen durch das System wüten und wie sehr die Folgeeffekte sich gegenseitig verstärken, haben wir es mit einer Rezession oder einer Depression zu tun.

Umso wichtiger ist es, sich über die Zeit danach Gedanken zu machen. Zunächst geht es hier um die Maßnahmen, die nötig sind, wenn die gesundheitspolitisch erforderlichen Einschränkungen auslaufen, wenn also wieder frei produziert und konsumiert werden kann. Denn allein der Umstand, dass Unternehmen und Private das dann wieder *könnten*, bedeutet nicht, dass sie es auch *tun* werden. Der Schaden geht tief und unterminiert die Bereitschaft und die Fähigkeit, rasch wieder zum Status quo ante, also zu dem Zustand vor Corona, zurückzukehren. Das ist auch das Ergebnis einer vergleichenden Studie über zwölf Pandemien der Vergangenheit – von der Pest über die Spanische Grippe bis zu SARS. In jedem Fall war die wirtschaftliche Aktivität nachhaltig gedämpft.[1]

Szenarien für die Wiedereröffnung

Es bleibt uns keine andere Wahl, als die Szenarien zu durchdenken. Von welchen Annahmen können wir ausgehen? Optimistisch, realistisch, pessimistisch? Wir wissen es nicht. Im Kern dreht sich die öffentliche Diskussion um die folgenden Optionen:

- OPTIMISTISCH. Die Einschränkung des öffentlichen Lebens durch Ausgangsbeschränkungen, teilweise oder weitgehende Einstellung der wirtschaftlichen Aktivitäten und Minimierung der sozialen Kontakte ist erfolgreich und führt zur Eindämmung des Virus. Nach der dafür erforderlichen Zeit von vier bis sechs Wochen können wir zur Normalität zurückkehren.
- REALISTISCH. Die Einschränkungen wirken, aber nur temporär. Sobald sie gelockert werden, tritt die Epidemie wieder verstärkt auf und zwingt zu einer erneuten Einschränkung des öffentlichen Lebens. Wir haben es mit einer längeren Phase abwechselnder Lockerung und Verschärfung von Einschränkungen zu tun.
- PESSIMISTISCH. Es zeigt sich, dass die Epidemie sofort und massiv fortschreitet, wenn man die Beschränkungen lockert. Deshalb werden die Maßnahmen auf relativ strengem Niveau fortgeführt und belasten die Wirtschaft nachhaltig.

Wenn Sie diese Zeilen lesen, hat sich die Welt weitergedreht und Sie wissen bereits viel mehr als ich zu dem Zeitpunkt, zu dem ich dieses Buch schrieb. Gut möglich also, dass die Optimisten recht behalten haben. Leider ist es auch möglich, dass die Pessimisten richtig lagen.

Welches Szenario eintritt, hat mit Faktoren zu tun, die ich nicht beurteilen kann. Vermutlich können das selbst die Virologen nicht. Wir können umso schneller zu einer Normalität zurückkehren, je rascher wir einen Impfstoff entwickeln oder aber wirkungsvolle Medikamente zur Verfügung haben. Ein weiterer wichtiger Hebel ist die Krankenhauskapazität. Gelänge es beispielsweise, die verfügbaren Intensivbetten mit Beatmungsgeräten zu verdoppeln und die

Krankenhäuser entsprechend mit Personal auszustatten, so könnte das Gesundheitssystem mehr Patienten bewältigen. Je größer die Kapazität des Gesundheitswesens, desto weniger Maßnahmen müssten ergriffen werden, um einen zu raschen Anstieg der Patientenzahlen zu verhindern.

Bleibt uns die Hoffnung auf die Medizin. Doch selbst wenn wir Medikamente oder Impfungen vergleichsweise rasch in den Händen halten würden: Der ökonomische Schaden ist schon jetzt groß.

Die Logik

In die politische Entscheidungsfindung ist ein Simulationsmodell von Epidemieforschern des Londoner Imperial College eingeflossen. Diesem legten die Experten ein Modell zugrunde, das für die Analyse von Grippeepidemien entwickelt wurde. Basierend auf Annahmen zur Infektionszeit, zur Ansteckungsrate und zu der Zeit, die verstreicht, bis ein Mensch Symptome zeigt, kamen sie zu einem »Vervielfältiger« von 2,4. Dies bedeutet, dass jeder Kranke im Durchschnitt 2,4 weitere Menschen ansteckt. Dieser Verlauf gilt unter den Annahmen, dass es keine Immunität gibt und dass keine weitergehenden Maßnahmen zur Verhinderung von Infektionen ergriffen werden.

Nach diesem Modell ist davon auszugehen, dass innerhalb von drei bis vier Monaten ein sehr hoher Prozentsatz der Bevölkerung infiziert wird – bis zu 80 Prozent.[2] Davon werden 4,4 Prozent so krank werden, dass sie in ein Krankenhaus müssen, und bei wiederum 30 Prozent von diesen wird sich die Krankheit so weit verschlimmern, dass sie auf eine Intensivstation verlegt werden müssen. Diese Werte ergeben sich, wenn man die chinesische Erfahrung auf die hiesige Bevölkerung mit ihrer spezifischen Altersstruktur überträgt.

Im Falle Deutschlands reden wir immerhin von 2,89 Millionen Patienten und einem Bedarf von über 860 000 Intensivstationsplätzen. Selbst wenn es gelänge, diesen Bedarf gleichmäßig auf drei Monate zu verteilen, wären wir noch bei einem Bedarf von rund einer Million Krankenhausbetten allein für Corona-Kranke. Zum Vergleich: Wir hatten im März 2020 insgesamt in Deutschland 497 000 Krankenhausbetten und 28 000 Intensivbetten. Bis Anfang April 2020 sollte die Kapazität auf 40 000 Intensivbetten und annähernd 30 000 Beatmungsgeräte (von zuvor 20 000) erhöht werden. Die Auslastung sollte bei unter 50 Prozent liegen. Eine beeindruckende Leistung des Gesundheitssystems, die Anlass zur Hoffnung gab, aber nicht zur Entwarnung.[3]

Die Deutsche Bank rechnete Mitte März 2020 vor, dass selbst im Falle einer begrenzten Ausbreitung des Virus in Deutschland ab Mitte Mai keine Betten in den Intensivstationen mehr frei wären und Anfang Juni keine Krankenhausbetten mehr.[4]

Nach offiziellen Zahlen lag in China der Anteil der Toten an den Infizierten bei 0,5 bis 1,5 Prozent. Die Forscher des Imperial College arbeiteten in ihrem Modell für Großbritannien mit der Annahme von 0,9 Prozent, was die im Durchschnitt ältere Bevölkerung im Vergleich mit China berücksichtigt – wissen wir doch mittlerweile, dass zwar alle Altersgruppen von schweren Verläufen betroffen sein können, dass das Virus aber für ältere Menschen ab 70 Jahren besonders gefährlich ist. Nicht zufällig ist Italien mit der ältesten Bevölkerung Europas auffällig stark getroffen. Deutschland hat übrigens die zweitälteste Bevölkerung in Europa. Wenn wir die Annahme beibehalten, sprechen wir hierzulande immerhin von 590 000 Corona-Opfern.

Nimmt man an, dass die Kranken nicht ausreichend versorgt werden können, so kann nicht ausgeschlossen werden, dass dem Virus nicht 590 000 Menschen zum Opfer fallen, sondern stattdessen 870 000. Dieser Wert ergibt sich, wenn man die sehr negative Annahme trifft, dass alle jene, die eine Intensivbehandlung benötigten und keine bekommen, sterben.

Um diese Differenz von 280 000 Menschen geht es also mindestens beim Kampf gegen das Virus. Hinzu kommt, dass man, wenn es gelingt, die Verbreitung der Infektion zu verlangsamen, einen Teil derjenigen Menschenleben retten kann, die auch bei heutiger Behandlung sterben würden, weil in absehbarer Zeit noch eine Impfung und/oder ein wirksames Medikament zur Verfügung stehen. Überschlägig kann man die Zahl der geretteten Leben auf rund eine halbe Million schätzen.

Die Zahlen der Forscher stützen diese Berechnung. Sie zeigen, dass es richtig ist, die Ausbreitung mit drastischen Maßnahmen zu verlangsamen und zu begrenzen. Allerdings ist damit das Risiko nicht verschwunden, sondern nur auf einen längeren Zeitraum verteilt. Sobald nämlich die Begrenzungen der sozialen Kontakte gelockert werden, kehrt die Infektion bei ausbleibendem Impfschutz zurück und die Zahl der Kranken wächst wieder wie zuvor exponentiell. Zwar dürften – so die Hoffnung – dann nur noch diejenigen krank werden, die zuvor noch nicht infiziert waren. Dennoch – so die Berechnungen der Experten aus London – würden wir im Herbst 2020 vor der zweiten Infektionswelle stehen. Deshalb hat das Robert Koch Institut (RKI) in Deutschland gewarnt, dass wir starke Einschränkungen haben werden, bis ein Impfstoff entwickelt, getestet und weit eingesetzt wird. Das könnte bis zum Ende des Jahres 2021 dauern.

Andere Forscher, so die Experten der Universität Boston, sind der Auffassung, dass die Epidemiologen vom Imperial College mit übermäßig negativen Annahmen arbeiten. Sie gehen davon aus, dass man, wenn die Zahl der Neuinfizierten gering ist, nur die Betroffenen unter Quarantäne stellen muss, um eine weitere Verbreitung zu verhindern. Voraussetzung sind allerdings flächendeckende Tests der Bevölkerung, so wie es Südkorea vorgemacht hat.[5]

Damit steht und fällt das Szenario mit Variablen, die wir noch nicht abschließend beurteilen können: Wie ansteckend ist das Virus? Genügen die Maßnahmen, um die Verbreitung soweit einzudämmen, dass wir in Zukunft die Einzelfälle leicht isolieren können? Wie lange dauert es bis zur medizinischen Lösung?

Und es hängt von der Disziplin der Bevölkerung ab. Während in Asien die Regierungen mit drastischen Maßnahmen die Einhaltung von Quarantäneauflagen für Millionen von Bürgern durchsetzen konnten, dürfte das in den westlichen Gesellschaften weniger leicht möglich sein. Mindestens 50 bis 75 Prozent der Bürger müssen nach den Berechnungen des Imperial College mitmachen, sonst käme es noch schlimmer als in den ohnehin schon bedenklichen Kalkulationen. In Deutschland hat der Appell der Bundesregierung zunächst gewirkt. Die Menschen bleiben größtenteils zu Hause oder haben ihren Bewegungsradius stark eingeschränkt. Anfang April 2020 sank die Zahl der Neuinfektionen. Gleichzeitig mehrten sich die Hiobsbotschaften aus der Wirtschaft.

Kosten versus Ertrag

So oder so werden wir eine Unterbindung privater und wirtschaftlicher Aktivitäten nicht dauerhaft durchhalten. Der Druck auf einen Kurswechsel wird zunehmen, die Akzeptanz bezüglich der Einschränkungen sinken.

Neben dem Betrachten der emotionalen Seite wird es auch zunehmend eine nüchterne Rechnung geben müssen. So beliefen sich Schätzungen des wirtschaftlichen Schadens in Deutschland schon Mitte März 2020 auf mindestens 152 Milliarden Euro. Jede weitere Woche – so das Münchener ifo Institut – werde 25 bis 53 Milliarden Euro kosten, sodass bei drei Monaten reduzierter Aktivität rasch 20 Prozent des BIP oder rund 700 Milliarden Euro an Verlusten eintreten könnten.[6] Woanders sieht es nicht besser aus. Für die USA erwartete die US-Bank Goldman Sachs den größten Einbruch der Geschichte, weltweit dürfte die Wirtschaft in die Rezession stürzen.[7]

Deshalb steht nicht nur die Frage nach der Verhältnismäßigkeit irgendwann im Raum, sondern eine gesellschaftliche Auseinandersetzung mit der Frage, was uns ein Menschenleben wert ist. Nehmen wir an, dass die Maßnahmen dazu dienen, das Leben der 280 000 Menschen zu retten, die nach obiger vereinfachter und überschlägiger Rechnung nur aus Gründen fehlender Intensivstationskapazität sterben würden, so entspricht dies einer gesellschaftlichen Investition zwischen rund 540 000 Euro (bei 152 Milliarden) und 2,5 Millionen Euro (bei 700 Milliarden) pro Kopf.

Wenn wir dann noch berücksichtigen, dass es sich bei den Intensivpatienten überwiegend um ältere Menschen handelt, deren Lebenserwartung statistisch gut einzuschätzen ist – bei 65-Jährigen etwa rund 20 Jahre, bei 80-Jährigen rund zehn Jahre – kommen wir zu Kosten pro Lebensjahr von 27 000 bis 250 000 Euro.

Es ist grausam und höchst problematisch, ein Menschenleben finanziell zu bewerten. Es gilt vielen als Tabu, und doch ist eine Auseinandersetzung mit dieser Frage unumgänglich. Gesundheitsökonomen müssen sich permanent mit diesem Problem beschäftigen. Leben und Gesundheit sind am Ende eben auch eine Kostenfrage, und diese Frage ist absolut nicht abstrakt. Der finanzielle Umgang mit dem Tod, wenn er denn durch ein Unglück oder einen Unfall eingetreten ist, scheint uns hingegen viel leichter zu fallen, beispielsweise wenn es um Entschädigungen geht. So erhielten die Hinterbliebenen der Opfer des Anschlags vom 11. September 2001 in New York je nach Alter und Beruf ihrer verstorbenen Angehörigen zwischen 250 000 und sechs Millionen Dollar.[8] Von den besagten sechs Millionen sind wir selbst im Extremszenario noch weit entfernt. Aber den Betrag von 250 000 Dollar überschreiten wir schon jetzt.

Sollte sich nun herausstellen, dass die Todesraten weit überschätzt werden und wir es nicht mit 0,9 Prozent zu tun haben, sondern beispielsweise mit 0,3 Prozent – einem Wert, den der Stanford-Professor John P. A. Ioannidis für nicht unrealistisch hält –, dann geben wir schon jetzt im günstigsten Fall über 1,5 Millionen Euro pro gerettetem Menschenleben aus, im teuersten Fall 7,5 Millionen Euro. Der Gesundheitswissenschaftler und Statistiker John Ioannidis spricht denn auch von einem möglichen Fiasko, das wir gerade anrichten, ohne eine ausreichende Datengrundlage dafür zu haben.[9]

Der Punkt wird kommen, an dem diese Argumentation sich durchsetzt – einfach weil die realwirtschaftlichen und die gesellschaftlichen Konsequenzen nicht mehr in Relation zu den Kollateralschäden gesehen werden. Ab einem bestimmten Punkt fordern die wirtschaftlichen Konsequenzen einen sehr realen Tribut: Firmen gehen pleite, Mitarbeiter verlieren ihre Jobs, Selbstständige stehen vor dem Ruin ihrer Existenz. Die Folgen all dessen sind jetzt schon spürbar: Zunahme häuslicher Gewalt, Anstieg der Selbstmordrate, Familien in Not, Kinderarmut. Ein solcher Grad an gesellschaftlicher Erschütterung wird die Restriktionen mehr oder weniger geordnet fallen lassen. Die Politik sollte diesen Punkt fürchten, vor allem wenn sich herausstellt, dass Ioannidis recht hatte mit seiner Skepsis.

Mit Schwung aus dem Koma

Sobald wir zur Normalität zurückkehren, dürfte die Erholung der Wirtschaft einsetzen. Beschäftigung, Konsum und auch Investitionen beginnen wieder zu steigen. Dabei können wir darauf setzen, dass die Selbstheilungskräfte funktionieren. Die Menschen werden wieder ausgehen, Restaurants und Kinos besuchen, verreisen und verpassten Konsum nachholen.

Einige werden sogar mehr Mittel zur Verfügung haben, weil sie in der Zeit der Ausgangsbeschränkungen weniger Geld ausgegeben haben. Andere – und das dürfte ein erheblicher Teil der Bevölkerung sein – haben hingegen weniger Geld in der Tasche, denn Arbeitslosigkeit, Kurzarbeit, Umsatzausfälle hinterlassen ihre Spuren. Deshalb brauchen wir zusätzliche Maßnahmen, um die Wirtschaft zu beleben. Wir müssen den Bürgern mehr Kaufkraft zukommen lassen und zugleich den Unternehmen helfen, die finanziellen Folgen der Krise zu bewältigen.

Vielfältige Ideen zur Stimulierung der Nachfrage stehen im Raum. Diese reichen von einer temporären Senkung der Mehrwertsteuer auf einzelne Produkte bis zur Verteilung von Konsumgutscheinen. Was die Ideen zur Senkung der Mehrwertsteuer angeht, so bin ich skeptisch. Der Preiseffekt ist fraglich – gibt es doch keine Verpflichtung der Verkäufer, die Steuersenkung an die Käufer weiterzugeben – und zudem dürfte eine Senkung der Preise um ein paar Prozentpunkte die Nachfrage nicht massiv beeinflussen. Das spielt nur bei großen Anschaffungen – wie beispielsweise einem Kraftfahrzeug – eine Rolle. Diesmal brauchen wir jedoch eine Nachfragebelebung, die viel weiter in die Breite geht.

Deshalb sind Konsumgutscheine für die Bevölkerung eine interessante Idee. Sie sollten befristet sein, also nach beispielsweise drei Monaten ihre Gültigkeit verlieren. Damit hätten sie einen unmittelbaren Effekt. Das Geld gelänge direkt in den Umlauf und würde nicht gespart. Die Umsetzung einer Gutscheinidee müsste sofort beginnen. Alternativ bietet sich die Auszahlung eines Geldbetrags direkt an alle Bürger an. Dies ließe sich leichter umsetzen, wäre aber weniger effektiv, dürfte doch ein nicht unwesentlicher Teil der Zahlungen nicht konsumiert, sondern gespart werden.

Kritiker werden sofort anmerken, dass es nicht gerecht sei, jedem Bürger einen solchen Gutschein zukommen zu lassen, hätten es doch die Vermögenden und Gutverdiener nicht nötig. Umgekehrt könnte man auch sagen, dass Rentner und Beamte keine finanziellen Einbußen aufgrund der Krise erlitten haben und deshalb die Gutscheine nicht bekommen sollten. Beides spielt an dieser Stelle keine Rolle. Ziel ist lediglich, die Nachfrage schnell zu beleben. Dazu sind Konsumgutscheine die beste Möglichkeit. Wie das finanziert wird und wer in Zukunft die Lasten trägt, ist ein anderes Thema. Dazu mehr im folgenden Kapitel.

Gutscheine allein dürften allerdings nicht genügen. Die Schäden für die Unternehmen – vom Solounternehmer bis zum Großkonzern – werden erheblich sein. Da die Politik – leider – nicht dem Weg des »künstlichen Komas« gefolgt ist, werden viele Unternehmen vor einem erheblichen Schuldenberg stehen oder den Staat als Miteigentümer haben. Das wird diese Unternehmen nachhaltig belasten, die Investitionstätigkeit dämpfen und damit auf Jahre hinaus die wirtschaftliche Entwicklung verlangsamen. Aus diesem Grund muss es ein umfassendes Schuldenmoratorium geben. Dieser Schuldenerlass ist unerlässlich und muss frühzeitig angekündigt und umgesetzt werden. Damit kann zwar der Schaden, der durch den anderen Weg angerichtet wurde, nicht mehr rückgängig, doch zumindest gemindert werden.

Auch hier dürfte die Kritik lauten, dass es sich um Geldgeschenke für jene handelt, die es am wenigsten nötig haben. Dies stimmt jedoch nicht. Viele mittelständische Unternehmer riskieren ihr gesamtes Vermögen für ihre geschäftliche Aktivität und sollten entsprechend geschützt werden. Ein Ausgleich kann – wie auch bei der Finanzierung der Konsumgutscheine – separat erfolgen, und zwar dann, wenn es darum geht, die Lasten des ökonomischen Schocks gerecht zu verteilen.

Wer soll das bezahlen?

Offensichtlich haben wir es mit der größten finanziellen Herausforderung seit dem Zweiten Weltkrieg zu tun. Ökonomen sprechen deshalb auch von einem finanziellen Aufwand für die Staaten, der nur mit der Finanzierung von Kriegen zu vergleichen sei. Glücklicherweise ist es kein Krieg gegeneinander. Diesmal kämpfen alle gegen einen gemeinsamen Gegner: das Corona-Virus.

Die Beträge, um die es geht, sind gigantisch und werden jeden Tag größer. Werden für Deutschland Verluste von rund 700 Milliarden des BIP erwartet,[1] so dürfte die Belastung für den deutschen Staatshaushalt am Ende noch höher liegen. Erste Schätzungen gehen in die Größenordnung von bis zu 1500 Milliarden Euro.[2]

Was zu der Frage führt: Wer soll das bezahlen?

Spare in der Zeit ...

Unsere Politiker werden nicht müde zu erklären, der deutsche Staat sei gut vorbereitet, habe doch die solide Finanzpolitik die Staatsschulden gesenkt und damit die Voraussetzung geschaffen, um in der Krise massiv intervenieren zu können. Die »schwarze Null« war das ganz große Ding der deutschen Politik. Vorbild wollte man sein für die anderen Länder in der Europäischen Union und der Eurozone. Vorsorgen wollte man für kommende Generationen. Populär wollte man sein, sind die Deutschen doch von der »Politik der Sparsamkeit« überzeugt: In Umfragen sprachen sich im Herbst 2019 rund 50 Prozent für die »schwarze Null« aus und nur 26 Prozent für mehr Schulden des Staates.[3]

Schauen wir uns die »schwarze Null« genauer an. Zunächst die Feststellung, dass das Erreichen einer »schwarzen Null« keine Leistung der Politik war. Der Grund dafür lag vor allem bei der Europäischen Zentralbank (EZB). So berechnet die Bundesbank, dass der deutsche Staat von 2008 bis Ende 2019 Zinsaufwendungen in Höhe von 436 Milliarden Euro gespart hat. Allein im Jahr 2019 lag die Ersparnis bei rund 58 Milliarden Euro.[4] Bezahlt haben das die Kreditgeber, überwiegend also die deutschen Sparer.

Analysiert man für den Zeitraum von 2009 bis 2018 die Mehr- oder Minderausgaben und die Einnahmen auf Bundesebene, so kommt man zu einem ernüchternden Ergebnis. In den besagten zehn Jahren hat der Bund kumuliert

- 280 Milliarden Euro zusätzlich ausgegeben,
- 136 Milliarden Euro weniger für Zinsen aufgewendet,
- 46 Milliarden Euro weniger für die Versorgung von Arbeitslosen aufgewendet.

In der Summe hatten die Politiker in diesen zehn Jahren eine »Verteilungsmasse« von rund 460 Milliarden Euro. Während von »Sparen« die Rede war, wurden die Ausgaben deutlich gesteigert. Im selben Zeitraum sank die Verschuldung des Bundes nur um rund 70 Milliarden Euro.

Und so wurden die 460 Milliarden verwendet:[5]

- Immerhin rund 100 Milliarden Euro wurden zusätzlich an die Rentenkasse überwiesen. Eine weitere Steigerung der Zuschüsse ist angesichts der Rentenbeschlüsse der Großen Koalition unvermeidlich.

- Wenig thematisiert werden die deutlich anwachsenden Zuschüsse zur gesetzlichen Krankenversicherung. Insgesamt wurden hier ebenfalls rund 100 Milliarden Euro zusätzlich aufgewendet, vor allem um sogenannte versicherungsfremde Leistungen zu finanzieren.
- Gestiegene Leistungen für Familien mit kumuliert rund 15 Milliarden Euro fallen da kaum noch ins Gewicht.
- Den größten Zuwachs weisen mit über 117 Milliarden die »restlichen Ausgaben« auf. Dahinter verstecken sich Zuweisungen und Zuschüsse an Sondervermögen, die zum Beispiel künftige Ausgaben in Bereichen des Klimaschutzes, der Kinderbetreuung und der Integration von Migranten decken sollen. Allein 2017 wurden für die »Aufnahme und Integration von Asylsuchenden und Flüchtlingen einschließlich der Fluchtursachenbekämpfung« 20,8 Milliarden Euro ausgegeben.
- Die verbleibenden Mehrausgaben im untersuchten Zeitraum entfallen auf Investitionen (50 Milliarden), Personal (26 Milliarden), den Europäischen Rettungsfonds ESM (22 Milliarden) und neue Ausrüstung für die Bundeswehr (4 Milliarden).

Die dargelegten Ausgabensteigerungen sind überwiegend keine Einmalzahlungen, sondern in Gesetze gegossene nachhaltige Verpflichtungen. Deshalb ist die wahre Staatsverschuldung Deutschlands in den letzten Jahren gestiegen und nicht gesunken, berücksichtigt man die ungedeckten Versprechen für Renten, Pensionen und Gesundheitszahlungen der alternden Gesellschaft. Insgesamt beliefen sich die Schulden des Staates vor der Corona-Krise, betrachtet man nicht nur die expliziten Schulden, sondern auch die Versprechen in der Altersversorgung, auf 5 580 Milliarden Euro beziehungsweise rund 165 Prozent des BIP.[6]

Dies bedeutet nicht, dass der deutsche Staat nicht in der Lage wäre, die Situation zu stabilisieren; es gehört nur zur vollen Wahrheit, dass wir deutlich bessergestellt wären, wäre wirklich gespart worden.

Unzureichende Investitionen

Gespart hat der Staat in den letzten zehn Jahren also nicht. Er hat das Geld nur für Konsum statt für Investitionen ausgegeben. Die Folge: Wir leiden unter einem erheblichen Investitionsstau. Kinder in baufälligen Schulen und staugeplagte Autofahrer wissen, wovon ich spreche.

Aktuelle Studien rechnen vor, dass der deutsche Staat in den kommenden zehn Jahren 450 Milliarden Euro zusätzlich ausgeben müsste, um »Investitionslücken« zu schließen. Das bedeutet nichts anderes, als Investitionen nachzuholen, die unsere Politiker trotz übervoller Kassen nicht vorgenommen haben, weil sie das Geld für andere Zwecke ausgegeben haben. Perspektivisch betrachtet: Diese 450 Milliarden entsprechen mehr als 50 Prozent der Steuereinnahmen eines Jahres (rund 800 Milliarden 2019) und nicht ganz 50 Prozent der jährlichen Ausgaben für Soziales (rund 1000 Milliarden 2019).

Die 450 Milliarden setzen sich folgendermaßen zusammen:[7]

- INFRASTRUKTUR AUF KOMMUNALER EBENE. 161 Milliarden. Darin enthalten sind neben der bekannten Infrastrukturlücke in Höhe von 138 Milliarden Euro weitere 23 Milliarden Euro für den Ausbau von Bus und Bahn aus Klimaschutzgründen.
- INFRASTRUKTUR AUF NATIONALER EBENE. 110 Milliarden. 60 Milliarden Euro für die Bahn, knapp 30 Milliarden Euro für den Breitbandausbau, 20 Milliarden Euro für Autobahnen.
- BILDUNG. 109 Milliarden. Für frühkindliche Bildung 50 Milliarden, für Ganztagsschulen 34 Milliarden und für Hochschulen und Forschung 25 Milliarden.
- Hinzu kommen noch weitere Milliarden für den KLIMASCHUTZ und den WOHNUNGSBAU

Diese Ausgaben müssen, wie erwähnt, zusätzlich erfolgen, weil in den letzten Jahren nicht ausreichend investiert wurde.

Damit nicht genug. Es reicht nicht, einen erheblichen Sanierungsrückstand aufzuholen, sondern wir dürfen es auch nicht wieder so weit kommen lassen. Aus diesem Grund müssen die Ausgaben dauerhaft steigen. Legen wir für Investitionen den OECD-Durchschnitt von 3,2 Prozent des BIP an, müssten wir unsere Ausgaben um einen Prozentpunkt des BIP erhöhen, also um rund 33 Milliarden pro Jahr.

Bei der Bundeswehr werden wir die Ausgaben auf den schon geforderten NATO-Durchschnitt von zwei Prozent hochfahren müssen, was 0,8 Prozent des BIP zusätzlich bedeutet beziehungsweise 26 Milliarden pro Jahr.

An diesen erschreckenden Zahlen ändert auch die Corona-Krise nichts. Wir müssen davon unabhängig dringend in unsere Zukunftsfähigkeit investieren. Wir haben es mit einer Politik zu tun, die die guten Jahre nicht dazu genutzt hat, das Land zukunftsfähig zu machen. Die günstige Einnahmensituation, gepaart mit den niedrigen Zinsen, hätte die Möglichkeit eröffnet, in Infrastruktur, Digitalisierung, Bildung und Innovation zu investieren. Statt dies zu tun, wurde hier gespart und das Geld für mehr Soziales ausgegeben.

Um potenziellen Fehlinterpretationen vorzubeugen: Ich bin ein Anhänger der sozialen Marktwirtschaft und trage die meisten Sozialreformen der letzten Jahrzehnte mit Überzeugung. Aber es kam auch zu Fehlentwicklungen, die die Wirksamkeit der sozialen Transfers schwächen. Vor allem müssen wir mit dem Unsinn aufhören, Abgaben von den Bürgern zu erheben und dann in praktisch gleicher Höhe wieder an diese zurückzugeben. Genau das passiert nämlich heute. Die Mitte der Bevölkerung – man betrachte stellvertretend für sie Alleinstehende mit 33 480 Euro beziehungsweise Familien mit zwei Kindern mit 70 000 Euro Brutto-Jahreseinkommen – führt 14 995 Euro an den Staat ab (in Form von direkten und indirekten Steuern sowie Sozialabgaben) und erhält auf verschiedenen Wegen 14 330 Euro zurück. Was bleibt, ist ein Minus, bedingt durch die Kosten dieser Umverteilung.[8] Besser wäre es, die Sozialleistungen auf das untere Drittel der Bevölkerung zu beschränken und sie durch das obere Drittel der Bevölkerung bezahlen zu lassen.

Deutschland will wieder sparen

Nun besteht die große Gefahr, dass die Politik alles daransetzen wird, die offiziell ausgewiesene Staatsverschuldung nach unten zu bringen. Dass es in diese Richtung geht, zeigen die ersten Äußerungen von Politikern. So bekräftigte Wirtschaftsminister Peter Altmaier in einem Interview, dass die Regierung beabsichtige, nach der Corona-Krise zur Politik des ausgeglichenen Haushalts zurückzukehren.[9]

Trifft das zu, dann stehen wir vor einer weiteren Phase des »Sparens«. Ein eklatanter Fehler. Es droht ein Szenario mit steigenden Steuern und Abgaben, während die Unternehmen gleichzeitig sparen, um die in der Krise aufgelaufenen Schulden abzutragen. Und der Staat wird sich mit dringend erforderlichen Investitionen zurückhalten – mehr noch als in den letzten 15 Jahren. Dies ist das Rezept für geringes Wachstum, zunehmende Verteilungskonflikte und vor allem ein Anreiz für Unternehmen, im Ausland statt im Inland zu investieren.

Dies würde nicht nur das Wachstum auf Jahre hinaus belasten, sondern auch die Zukunftsfähigkeit des Landes weiter mindern. Schon heute liegt Deutschland bei den Themen Digitalisierung und Mobilfunkabdeckung weit zurück. Die fehlgeschlagene Energiewende belastet die Wirtschaft erheblich, zahlen wir doch die höchsten Strompreise Europas. Diese Themen sind dringend anzugehen und erfordern mehr und nicht weniger Investitionen.

Damit nicht genug. Würde Deutschland die Politik der letzten Jahre fortsetzen wollen, so ginge das nur mit weiterhin hohen Handelsüberschüssen. Wie erklärt sich das? Die Summe der Ersparnisse der Sektoren einer Wirtschaft – Staat, private Haushalte und Unternehmen – muss immer null ergeben. Sparen also beispielsweise die privaten Haushalte, so müssen sich die Unternehmen und/oder der Staat entsprechend verschulden. In der Praxis gibt es das Ausland noch als weiteren Sektor, der als Schuldner einspringen kann, wenn im Inland zu viel gespart und zu wenig investiert wird. Doch auch dann ergibt sich unterm Strich ein Wert von null (siehe Abbildung 6).[10]

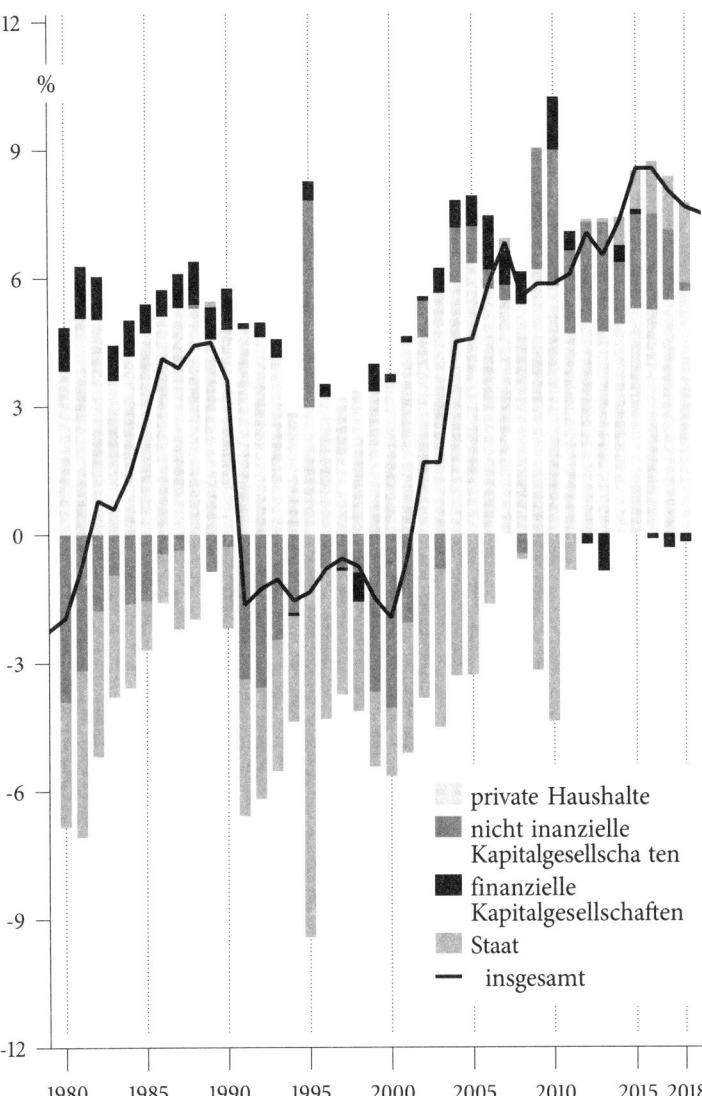

Abb. 6: Finanzierungssalden der Wirtschaftssektoren

Quelle: Sachverständigenrat der Bundesregierung, »Produktivität: Rahmen-bedingungen verbessern, Nationaler Produktivitätsbericht 2019, abrufbar unter https://www.sachverstaendigenrat-wirtschaft.de/fileadmin/ dateiablage/gutachten/jg201920/2019_Nationaler_Produktivitaetsbericht.pdf

Wir sehen, dass die privaten Haushalte, die Unternehmen und der Staat seit Jahren sparen. In der Folge haben wir einen hohen Exportüberschuss von rund acht Prozent des BIP ausgewiesen. Der Titel des Exportweltmeisters geht also auch mit der Rolle des größten Kapitalexporteurs einher. Wir haben unsere Ersparnisse im Ausland angelegt. Und dies auch noch ziemlich schlecht, wie neue Studien zeigen.[11]

Es ist mehr als fraglich, ob die anderen Länder der Welt (und auch der Eurozone!) nach diesem wirtschaftlichen Schock bereit sein werden, Handelsüberschüsse Deutschlands auch nur annähernd in dieser Größenordnung zu akzeptieren. Schon vor der Corona-Krise stand Deutschland mit Handelsüberschüssen von über acht Prozent des BIP heftig in der Kritik. Protektionistische Maßnahmen der USA waren zu befürchten.

Übersetzt bedeutet dies: Wir müssen im Inland mehr Geld ausgeben. Entweder die privaten Haushalte über mehr Konsum und/oder der Staat und die Unternehmen über mehr Investitionen. Eine Rückkehr zur Austeritätspolitik kann in diesem Umfeld nicht funktionieren.

Dies spricht für das genaue Gegenteil dessen, was üblicherweise bei uns diskutiert wird: geringere Abgaben für die Bürger und Unternehmen, deutliche Anreize für Investitionen der Unternehmen und des Staates. Vor allem bedeutet es auch, dass die Unternehmen von den Schulden, die sie im Zuge der Krise aufnehmen mussten, entlastet werden müssen.

Was nicht sein darf ...

Wer soll also die Kosten des Krisenmanagements tragen? Die Beträge sind gigantisch. Nehmen wir an, dass Hilfen des Staates und Steuerausfälle sich auf 1000 Milliarden Euro belaufen, so entspricht das rund 30 Prozent des Vor-Krisen-BIP. Die offizielle Staatsverschuldung Deutschlands würde von rund 60 Prozent des BIP auf 90 Prozent steigen.

Ungeachtet der Tatsache, dass Austerität zu einem massiven Konflikt mit unseren Handelspartnern führen wird, dürfte sich die politische Diskussion schon rasch um die Themen Solidarität und höhere Steuern für »starke Schultern« drehen. Getragen ist dies von einer öffentlichen Wahrnehmung, die »Deutschland als extrem ungerecht« wahrnimmt. So das Ergebnis einer *Spiegel-Online*-Umfrage kurz vor dem Ausbruch der Corona-Krise. Dort heißt es: »Kein Problem in der Wirtschafts- und Sozialpolitik halten die Deutschen für dringender als die Ungleichheit zwischen Arm und Reich. (…) Drei von vier Befragten halten die materielle Ungleichheit in Deutschland für ungerecht. Nur 17 Prozent empfinden sie hingegen als gerecht. Dabei machen sie übrigens keinen Unterschied zwischen der Verteilung von Einkommen und Vermögen.«[12]

Der Autor des *Spiegel*-Beitrags wundert sich über dieses Ergebnis, weil gerade bei der Einkommensverteilung die Wahrnehmung nicht zu den Fakten passt. Im Vergleich mit anderen Industriestaaten ist die Einkommensungleichheit in der Bundesrepublik eher unauffällig (EU-Staaten) oder sogar unterdurchschnittlich (OECD-Staaten). In den letzten Jahren kam es sogar zu einem überproportionalen Anstieg der unteren Einkommen, weshalb die Ungleichheit abgenommen hat.[13] Nach Umverteilung liegt die Einkommensungleichheit, gemessen mit dem sogenannten Gini-Koeffizienten, seit fast 20 Jahren auf einem Wert von 0,29. Dieser ist ein Maß für Ungleichheit, wobei ein Wert von 0 bedeutet, dass das gesamte Einkommen gleichmäßig verteilt ist, und 1, dass das Einkommen auf eine einzige Person oder einen einzigen Haushalt konzentriert ist, während alle übrigen nichts haben. Lässt man Steuern, Abgaben und staatliche Zuwendungen außer Acht, so sind die Einkommen deutlich ungleicher, was zeigt, dass der Sozialstaat funktioniert.[14]

Anders sieht es bei der Verteilung der Vermögen aus. Der Gini-Wert liegt bei 0,73, also deutlich höher als bei der Einkommensverteilung. Dies kann nicht überraschen, ist die Vermögensverteilung doch in allen Ländern ungleicher als die der Einkommen. Drei Ursachen erklären die auch im internationalen Vergleich relativ ungleiche Vermögensverteilung in Deutschland: der hohe Anteil an Familienunternehmen, die geringe Quote des Eigentums an Immobilien und die ausgebaute Sozialversicherung. Berücksichtigt man bei der Berechnung der Ungleichheit die Renten- und Pensionsansprüche, so sinkt der Gini-Koeffizient deutlich auf 0,53.[15] Ein weiterer wichtiger Grund sind die deutlich unterschiedlichen Vermögensverhältnisse in Ost- und Westdeutschland. Im Osten gibt es weitaus weniger Familienunternehmen und die Immobilieneigentumsquote ist ebenfalls geringer.

Im Vergleich mit vielen unserer Partnerländer in Europa ist das Vermögen in Deutschland geringer. Trotz relativ guter Einkommen schaffen wir Deutschen es nicht, entsprechend Vermögen zu bilden. Neben der relativ hohen Abgabenbelastung liegt dies an der Vorliebe der Deutschen für Sparbuch, Konto und Lebensversicherung bei der Geldanlage. Allen zwischenzeitlichen Turbulenzen zum Trotz erzielen unsere Nachbarn mit einem deutlich höheren Anteil an Immobilien und Aktienbesitz nachhaltig bessere Renditen und bauen deshalb mehr Vermögen auf.[16]

Es müsste eigentlich das Ziel sein, die Vermögenslücke zu unseren Nachbarn zu schließen. Neben einer Entlastung der kleineren und mittleren Einkommen geht es dabei um die Förderung einer ertragreicheren Geldanlage und vor allem einer höheren Immobilieneigentumsquote. Hätten wir in Deutschland eine ähnlich hohe Quote wie in den Nachbarländern, so wäre nicht nur die Vermögensverteilung deutlich gleicher, sondern wir hätten sogar insgesamt ein um etwa elf Prozent höheres Vermögen.[17]

Leider spricht nichts dafür, dass das Thema Vermögensbildung für alle einen Platz auf der politischen Agenda finden wird. Zu groß ist der Druck auf die Politik, die Krise als Anlass zu nehmen, endlich gegen die vermeintliche Ungleichheit im Lande vorzugehen. Obwohl diese – auch das zeigt die Umfrage von *Spiegel Online* – vor allem ein Ergebnis der medialen Darstellung ist, weniger der persönlichen Erfahrung. Mit 44 Prozent wählten die meisten die einzige Option dazu, bei der Ungleichheit nicht unmittelbar selbst wahrgenommen wird: »in den Medien«.

Nach vorherrschender Wahrnehmung darf es also nicht sein, dass die Besserverdiener und Vermögenden ungeschoren davonkommen.

Wachstum und Populismus vereinbaren

Um ihre Handlungsfähigkeit zu beweisen, werden Politiker wohl kaum die Gelegenheit vorüberziehen lassen, die Steuern für einige Teile der Bevölkerung zu erhöhen. Zwar werden wir im nächsten Kapitel noch sehen, dass diese Strategie gerade mit Blick auf den internationalen Kontext falsch ist. Aber das allein hat noch nie einen Politiker daran gehindert, das Richtige zu lassen und das Falsche zu tun.

Wenn nun also schon höhere Steuern, dann bitte auf eine Art und Weise, die die Wachstumskräfte stärkt und nicht hemmt. Nach Angaben des Statistischen Bundesamts gaben Bund, Länder, Gemeinden und die Sozialversicherungsträger im Jahr 2018 den Betrag von 1 429 Milliarden Euro aus; dies entspricht 43 Prozent des BIP.[18] Mit dieser Staatsquote liegt Deutschland leicht unter dem Durchschnitt von EU (45,6 Prozent) und Eurozone (46,8 Prozent). Besonders hoch ist der Staatsanteil in Frankreich (56 Prozent). Aber auch in Finnland (53,1 Prozent), Schweden (49 Prozent) und Österreich (48,5 Prozent) liegt die Staatsquote über dem Niveau in Deutschland.[19]

Man könnte meinen, eine Erhöhung des Staatsanteils wäre vor dem Hintergrund dieser Zahlen kein Problem. Dagegen spricht jedoch, dass allein aufgrund der demografischen Entwicklung der Staatsanteil in den kommenden Jahren deutlich steigen wird. Deshalb sollte versucht werden, die Art der Finanzierung der öffentlichen Aufgaben neu zu ordnen. Dabei sollten Einkommensteuern eher sinken und die kleineren und mittleren Einkommen von Abgaben entlastet werden. Im Gegenzug wäre es denkbar, für sehr hohe Einkommen – also für solche oberhalb des Niveaus, auf das die heutige »Reichensteuer« bezogen wird – die Sätze zu erhöhen.

Zugleich wäre der Anteil der Steuereinnahmen, die auf die Besteuerung von Vermögen zurückgehen, zu erhöhen. Neben der Einführung der Vermögensteuer wäre dies vor allem eine breiter angelegte Erbschaftsteuer, um auch den Übergang von Betriebsvermögen zu erfassen. Bei entsprechend geringen Sätzen und der Möglichkeit, jährlich ein Dreiunddreißigstel des vereinfacht berechneten Erbschaftsteuerbetrages zu bezahlen (simulierter Erbgang), wäre dies auch für die Familienunternehmen tragbar, nachdem sie sich von den Folgen der Corona-Krise erholt haben.

In die gleiche Richtung gehen Überlegungen zu einem Lastenausgleich. Diese einmalig festgesetzte und über mehrere Jahre abzahlbare Abgabe hat in Deutschland eine gewisse Tradition. Nach der Hyperinflation der 1920er-Jahre und nach dem Ende des Zweiten Weltkriegs gab es derartige Sonderabgaben. Die Co-Vorsitzende der SPD, Saskia Esken, forderte bereits Ende März 2020 eine Vermögensabgabe von fünf Prozent.[20]

Die Dimensionen sind erheblich. Wenn auf diesem Wege beispielsweise 1 000 Milliarden Euro eingenommen werden sollen, entspricht dies rund acht Prozent des Vermögens der Deutschen vor der Krise, dass auf 12 500 Milliarden Euro geschätzt wurde.[21] Da zweifellos mit großzügigen Freibeträgen gearbeitet wird – das berühmte »Häuschen«, das man nicht besteuern möchte – sind wir bei den großen Vermögen rasch bei Abgabesätzen von 20 Prozent und mehr. Das Deutsche Institut für Wirtschaftsforschung rechnete Anfang April 2020 vor, dass Vermögensabgaben von 20 Prozent angebracht wären.[22]

Problematisch bei dieser Vorgehensweise sind verschiedene Faktoren. So dürften die Vermögenspreise selbst nach Überwindung der akuten Krise in Deutschland deutlich unter dem Vor-Krisen-Niveau liegen. Viele Unternehmen und andere Schuldner dürften sich gezwungen sehen, Schulden abzubauen und dafür Vermögenswerte zu verkaufen. Hier würden entsprechende Steuern den Verkaufsdruck zusätzlich beschleunigen und zugleich die Nachfrage dämpfen. Zu beobachten war dies beispielsweise in den 1920er-Jahren, als die Einführung der Hauszinssteuer (eine Ertragsteuer auf Wohneigentum) die Preise deutlich unter Druck setzte.

Theoretisch sympathisiere ich durchaus mit einer Vermögensabgabe, weil diese bei entsprechender Ausgestaltung gerechter ist als der Weg über höhere Inflation. Schon 2011 habe ich mich in meiner Rolle als Partner der internationalen Unternehmensberatung Boston Consulting Group (BCG) dementsprechend geäußert.[23]

Wäre Deutschland isoliert und gäbe es keinen Haftungsverbund in der Eurozone und kein Weltwährungssystem, das vor einem einschneidenden Umbruch steht (siehe nächstes Kapitel), dann würde ich den Weg über Vermögensabgaben in Deutschland unterstützen. Im Euroraum sitzen wir aber mit Nationen in einem Boot, die eine ganz andere Tradition im Umgang mit solchen Krisen haben.

Ich erinnere mich an den Höhepunkt der Finanz- und Eurokrise. Damals habe ich ranghohe Manager in ganz Europa getroffen, um Lösungen für die Krise zu diskutieren. Bei der Idee eines Schuldentilgungsfonds für Europa, der mit Mitteln aus einem Lastenausgleich getilgt wird, lachte der Finanzvorstand eines der größten italienischen Unternehmen nur und meinte: »Warum sollten wir das tun, solange die Provinzen bezahlen.« Gemeint waren die anderen Länder Europas. Der Vertreter eines französischen Großkonzerns schüttelte den Kopf und meinte nur: »Das lösen wir wie immer, mit Inflation.«

Die privaten Haushalte sind sowohl in Frankreich als auch in Italien deutlich vermögender als die Privathaushalte in Deutschland. Sowohl Frankreich als auch Italien könnten ihre Schulden durch Vermögensabgaben deutlich reduzieren. Sie tun das aber nicht. So liegt auch die Erbschaftsteuer in Italien signifikant unter dem hiesigen Niveau. Italien, Frankreich, Spanien und Portugal haben die Tradition der Problemlösung über höhere Inflation. Es ist aber nicht sinnvoll, wenn wir in Deutschland die Schulden über Steuern und Vermögensabgaben senken und unsere Partner auf die EZB setzen.

Es ist nicht vernünftig, allein auf Solidität zu setzen, wenn die Partner, mit denen man eine Währung teilt, dies nicht wollen und nach der Krise wohl definitiv nicht mehr können.

Doch mehr Schulden?

Die Alternative: Wir lassen die Schulden einfach stehen. Zusätzlich macht der Staat jedes Jahr so viele neue Schulden, dass die Schuldenquote, das heißt die neuen Schulden im Verhältnis zum BIP, stabil bleibt. Auf diese Weise können die Ausgaben weiter steigen. Es wird allerdings nötig sein, den Anteil der Konsumausgaben des Staates zugunsten der Investitionen zurückzufahren. Mit einer Schuldenquote von 90 Prozent läge Deutschland noch weit unter dem Niveau anderer Industrieländer, die bereits vor der Krise einen Wert von 90 Prozent oder mehr aufwiesen.

Japan lebt seit Jahren mit Staatsschulden jenseits von 200 Prozent des BIP. Finanziert werden die Defizite überwiegend von der japanischen Notenbank, die mittlerweile zum größten Gläubiger des Staates geworden ist. Dieses japanische Szenario wird sich auch in Europa entfalten.

Statt hier Geisterfahrer zu sein, sollten wir uns auf das einstellen, was auf uns zukommt, und versuchen, das Beste für das Land herauszuholen. Coronomics kommt. Ob wir es nun wollen oder nicht.

Risikopatient Eurozone

Mitte März 2020, die Pandemie wütete in Italien schon seit Wochen, schrieb mir ein Freund aus Italien, glühender Europabefürworter und Freund Deutschlands, eine erschütternde Nachricht:

»Dies sind schwere Zeiten, aber auch Zeiten, um moralische Größe zu zeigen. Wir Italiener gehen mit der Krise gut um. Die Menschen sind friedlich, die Straßen leer und die Supermärkte gefüllt. Selbst an den Osterkuchen besteht kein Mangel. Natürlich war es bis vor Kurzem unvorstellbar, dass man sich nur in seiner Wohnung aufhalten darf und dass eine Region wie die Lombardei stillsteht. Jeder, den ich kenne, bereitet den wirtschaftlichen Neustart vor, wenn es wieder losgeht. Das allgemeine Gefühl ist, dass wir aus der Krise gestärkt hervorgehen werden.

Wir haben Euch gewarnt, was da kommt. Statt auf uns zu hören, habt Ihr Witze gemacht. Nun folgen alle in Europa unserem Vorbild der strengen Quarantäne. Für immer werden wir uns daran erinnern, dass Europa uns in unserer größten Not allein gelassen hat, nicht mal eine ernst gemeinte Anteilnahme haben wir für die Flut an Toten erlebt. Nie werden wir vergessen, wie Frau Lagarde, die Marionette Isabel Schnabels und der Bundesbank, uns im Stich ließ. Italien wird nach dieser Krise anders auf Europa blicken. Eine tiefe Abneigung gegenüber Europa ergreift auch die bürgerlichen Kreise, die mitgeholfen haben, Europa zu bauen, und die bis vor einigen Wochen noch die glühendsten Unterstützer

Europas waren. Wir sind ernsthafte Menschen – Europa hat uns verraten.«

Natürlich ist diese Nachricht nicht repräsentativ. Sie gibt aber zu denken. Wenn selbst Menschen, die pro Europa sind und eigentlich wissen, dass Isabel Schnabel und die Bundesbank innerhalb der EZB schon lange nicht mehr das Sagen haben, solche Nachrichten schreiben, zeigt es, wie gefährdet die EU und die Eurozone in dieser Krise sind.

Italien alleine

In der Tat hat Europa sich mit der Hilfe für Italien nicht gerade hervorgetan. Exportbeschränkungen für Atemmasken aus Deutschland, zögerliche Unterstützung mit medizinischem Material sind nicht die Verhaltensweisen, die man von Partnern erwartet. Zwar hat Deutschland Ende März dann medizinische Ausrüstung geschickt, darunter 300 Beatmungsgeräte, und Patienten aus Italien und Frankreich hierzulande versorgt. Der Eindruck bleibt dennoch: Anstelle von Hilfe von den europäischen Partnern bekam das Land Unterstützung aus China, Russland und Kuba.[1]

Die Äußerung Christine Lagardes, seit Herbst 2019 Präsidentin der Europäischen Zentralbank als Nachfolgerin Mario Draghis, es sei nicht die Rolle der EZB, sich um die Risikoaufschläge von Staatsanleihen im Euroraum (»Spreads«) zu kümmern, fällt in die gleiche Kategorie. Von den Hardlinern – vor allem in Deutschland – gefeiert, war es die falsche Aussage zum falschen Zeitpunkt. Es signalisierte den Kapitalmärkten, dass die EZB eben nicht für alle Länder der Eurozone geradesteht. Die Risikozuschläge für italienische Anleihen stiegen prompt an und lagen schließlich doppelt so hoch wie vier Wochen zuvor. Kein Wunder, dass die EZB rasch einen Kurswechsel vollzog, ein neues 750 Milliarden Euro schweres Wertpapierkaufprogramm verkündete und Frau Lagarde sich von ihrer Äußerung distanzierte. Der Name der Aktion: Pandemic Emergency Purchase Programme, kurz PEPP.[2]

Diese 750 Milliarden sollen bis Ende 2020 zusätzlich zu dem bereits laufenden Programm der Wertpapierkäufe eingesetzt werden. Damit werden monatlich für gut 100 Milliarden Euro Wertpapiere von der EZB gekauft, mehr als je zuvor. Weil es immer schwerer wird, im Rahmen der Regeln noch genügend Wertpapiere zu finden, wurden auch die Regeln gelockert. So darf die EZB neben griechischen Staatsanleihen auch Unternehmensanleihen und -kredite ankaufen. »Der EZB-Rat wird im Rahmen seines Mandates alles Notwendige tun«, versicherte Christine Lagarde und erneuerte damit das einstige Versprechen vom »Whatever it takes« (Was auch immer nötig ist), mit dem der frühere EZB-Präsident Mario Draghi 2012 die Währungsunion gerettet hatte.

In den ersten Wochen der Krise stiegen übrigens die Zinsen auch auf deutsche Staatsanleihen. Intuitiv hätte man das Gegenteil erwartet. Steigende Zinsen zeigen, dass die Kapitalmärkte davon ausgehen, dass auf Deutschland erhebliche Lasten zukommen. In anderen Ländern – wie den USA – war das Gegenteil der Fall. Trotz weiter explodierender Schulden sanken die Zinsen. Ein Indikator dafür, dass die Belastungen Deutschlands ungleich höher sein werden oder aber die Risiken für das Überleben von Eurozone und EU nicht gebannt sind.

EU und Euro gingen geschwächt in die Krise

Nun ist es nicht so, dass der Euro und die EU aus einer Position der Stärke in die Krise gegangen sind. Im Gegenteil. Die letzten zehn Jahre der relativen ökonomischen Stagnation haben in einigen Ländern zu zunehmender Unzufriedenheit geführt. Allen voran im krisengeschüttelten Italien, dessen Pro-Kopf-Wirtschaftsleistung auf dem Niveau von Ende der 1990er-Jahre liegt. Der Euro mag daran nicht (allein) schuld sein. Erleichtert hat es das Gerüst der Währungsunion allerdings auch nicht, mit den wirtschaftlichen Herausforderungen umzugehen.

Im Jahr 2019 wurde in den meisten Mitgliedsstaaten der Eurozone der Euro mehrheitlich als »gut für mein Land« bewertet (siehe Abbildung 7). Doch immerhin 36 Prozent der Italiener meinten vor

Bewertungen 2019 in % der Befragten, Vergleich mit 2018 in Prozentpunkten · Antworten „Kann ich nicht einschätzen" und „Weiß nicht" nicht dargestellt

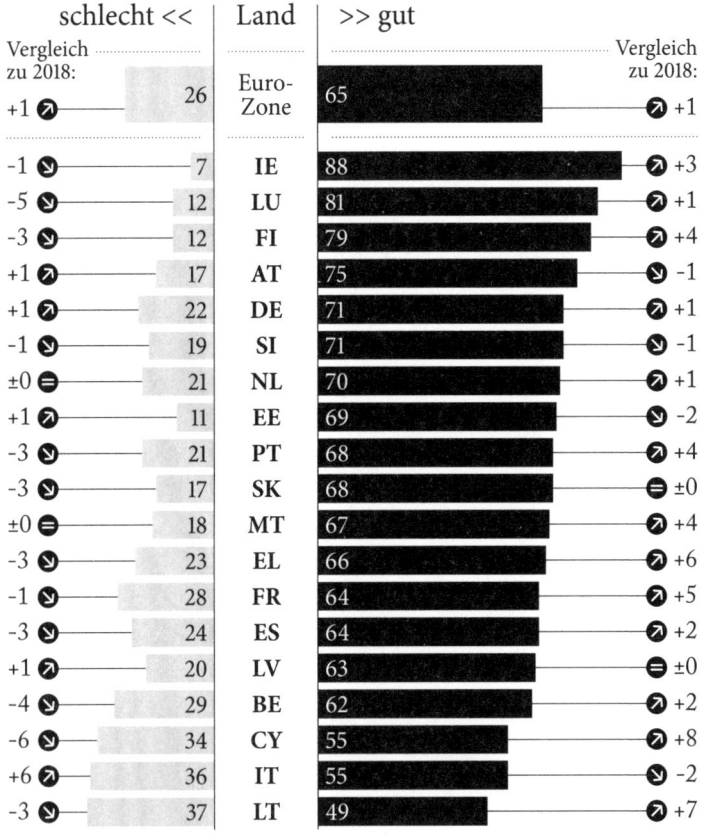

Vergleich zu 2018:	schlecht <<	Land	>> gut	Vergleich zu 2018:
+1 ⬈	26	Euro-Zone	65	⬈ +1
-1 ⬊	7	IE	88	⬈ +3
-5 ⬊	12	LU	81	⬈ +1
-3 ⬊	12	FI	79	⬈ +4
+1 ⬈	17	AT	75	⬊ -1
+1 ⬈	22	DE	71	⬈ +1
-1 ⬊	19	SI	71	⬊ -1
±0 ⬌	21	NL	70	⬈ +1
+1 ⬈	11	EE	69	⬊ -2
-3 ⬊	21	PT	68	⬈ +4
-3 ⬊	17	SK	68	⬌ ±0
±0 ⬌	18	MT	67	⬈ +4
-3 ⬊	23	EL	66	⬈ +6
-1 ⬊	28	FR	64	⬈ +5
-3 ⬊	24	ES	64	⬈ +2
+1 ⬈	20	LV	63	⬌ ±0
-4 ⬊	29	BE	62	⬈ +2
-6 ⬊	34	CY	55	⬈ +8
+6 ⬈	36	IT	55	⬊ -2
-3 ⬊	37	LT	49	⬈ +7

Abb. 7: Italiener sahen den Euro am kritischsten

Quelle: Eurobarometer November 2019, abrufbar unter https://ec.europa.eu/ commission/presscorner/detail/en/ip_19_6402

der Krise, dass der Euro schlecht für ihr Land sei. Man muss kein Prophet sein, um zu dem Schluss zu gelangen, dass sich dieser Wert durch die Art der Krisenbekämpfung und das Gefühl, von den Europäern und der EZB im Stich gelassen worden zu sein, weiter erhöhte.

Muss dies das Aus für den Euro bedeuten? Nein, aber es erhöht die Risiken für eine Währungsunion, die bis heute die Folgen der Eurokrise nicht überwunden hat. Dies auch deshalb, weil die eigentlichen Ursachen der Krise bis heute nicht verstanden wurden oder geleugnet werdenmitnd deshalb die politischen Antworten auf die Krise unvollständig bis falsch waren.

Nicht viel besser sah es mit der Zustimmung zur EU aus. Zwar herrschte 2019 in den meisten Mitgliedsstaaten gegenüber der EU

Angaben in % der Befragten · Antwort „Weiß nicht" nicht dargestellt

	negativ <<	>> positiv
Polen	14	84
Litauen	12	83
Bulgarien	20	77
Schweden	26	72
Slowakei	26	70
Deutschland	28	69
Ungarn	25	67
Spanien	33	66
Niederlande	34	66
Italien	38	58
Großbritannien	44	54
Griechenland	44	53
Tschechien	43	52
Frankreich	47	51

Abb. 8: Italiener sahen die EU mit am kritischsten

Quelle: PEW Research Center, European Public Opinion three decades after the fall of communism, 14. Oktober 2019, abrufbar unter https://www.pewresearch.org/ glunter019/10/14/the-european-union/

eine positive Einstellung, doch auch hier hat die unbefriedigende Entwicklung der letzten Jahre ihre Spuren hinterlassen (siehe Abbildung 8).

Großbritannien, nach dem Brexit-Votum nicht mehr dabei, war nicht das Land mit der negativsten Einschätzung der EU. Besonders kritisch waren die Franzosen, und auch hier dürften Umfragen im Herbst 2020 ein noch schlechteres Bild ergeben. Schon jetzt ist das Desaster der EU in Italien spürbar: Am 25. März 2020 sagten 42 Prozent der Italiener, dass Europa die Bekämpfung der Krise behindert hat und dies ein Grund wäre, die EU zu verlassen.[3] In einer anderen Umfrage meinten 67 Prozent, dass die EU-Mitgliedschaft ein Nachteil sei, 20 Prozent mehr als im November 2018.[4]

Die Ursachen für die fallende Zustimmung zu EU und Euro waren schon vor der Corona-Krise offensichtlich. Die EU

- erholte sich bis Herbst 2019 nicht von den Folgen der Finanz- und Eurokrise.
- wollte nicht wahrhaben, wie sehr der Brexit die Gemeinschaft schwächt.
- erfüllte ihre Versprechen, Wohlstand zu schaffen und die Außengrenzen zu sichern, nicht.
- setzte die politischen Schwerpunkte falsch.

Die Eurozone und die EU waren auf eine neue Rezession denkbar schlecht vorbereitet.

Kurze Erinnerung: Warum der Euro nicht funktioniert

Nach einer Studie der US-Bank JPMorgan Chase haben die Mitgliedsländer der Währungsunion wirtschaftlich weniger miteinander gemein als eine hypothetische Währungsunion aller Länder der

Welt, deren Name mit einem M beginnt. Gemessen wird dies an Kriterien wie der Wettbewerbsfähigkeit – vor allem an den Lohnstückkosten, den Löhnen und der Produktivität, dem Gleichlauf der Wirtschaftszyklen sowie der Frage, ob sich die Mitgliedsländer hier annähern, also ob sie »konvergieren«.

Verschiedene Studien kommen zu dem immer gleichen Schluss. Hatten wir ab dem Beschluss zur Einführung des Euro tatsächlich eine »Konvergenz«, so entwickeln sich die Mitgliedsländer seit der Einführung immer mehr auseinander. Starke Länder – weil relativ produktiver und innovativer – werden immer stärker, schwache immer schwächer. So der Befund des Internationalen Währungsfonds.[5]

Die Geschichte des Euro ist schnell erzählt. Mit der Einführung des Euro begannen die Zinsen in ganz Europa deutlich zu sinken – in Richtung des immer schon deutlich niedrigeren deutschen Niveaus. Dahinter stand die Erwartung, dass der Euro ebenso stabil sein würde wie die D-Mark, also die Inflationsrate deutlich geringer als zuvor in Spanien, Italien, Frankreich und Portugal. Da die Inflationsraten aber nicht genauso schnell sanken wie die Zinsen, wurden die Realzinsen – also der Nominalzins abzüglich der Inflationsrate – negativ, was einen starken Anreiz gab, sich zu verschulden.

Während Länder wie Italien die Zinssenkungen dazu nutzten, den Staatshaushalt zu entlasten, und so weniger Anpassungsdruck verspürten, kam es in anderen Ländern – vor allem in Portugal, Irland und Spanien – zu einem privaten Verschuldungsboom. Damit einhergehend erfuhr der Immobilienmarkt einen Aufschwung, weil Banken nichts lieber finanzieren als vermeintlich risikoarme Immobilien. Dadurch kam ein sich selbst verstärkender Boom in Gang. Die Immobilienpreise schossen in die Höhe, zeigten, wie sicher die Spekulation auf weiter steigende Preise war und führten so zu noch mehr kreditfinanzierter Nachfrage. Zugleich begann ein Bauboom, der wiederum die gesamte Wirtschaft stimulierte und die Nachfrage nach Immobilien weiter anheizte.

Es war nur eine Frage der Zeit, bis diese Blase platzen musste. Auslöser – aber nicht Ursache! – war das Eingeständnis Griechenlands, deutlich höhere Staatsschulden zu haben als zuvor offiziell zugegeben. Das Vertrauen in den Euro begann zu bröckeln, und dieser Trend konnte erst gestoppt werden, als Mario Draghi sein berühmtes Versprechen abgab, »alles Erdenkliche zu tun«, um den Euro zu verteidigen – nicht, ohne zuvor dafür grünes Licht aus Berlin bekommen zu haben. Da niemand erfolgreich gegen eine Notenbank spekulieren kann, die beliebige Mengen an eigener Währung in die Märkte pumpt, endete die Eurokrise damit. Zumindest der sichtbare Teil. In Wahrheit schwelte die Krise weiter und zwang die EZB zu einer anhaltenden Niedrigzinspolitik.

Seit Beginn der Eurokrise versuchen die Länder, die Folgen ihrer schuldenfinanzierten Party zu bereinigen. Dies bedeutet, die Wettbewerbsfähigkeit wiederzuerlangen, die Banken zu sanieren und die faulen Schulden, die sich im Boom angehäuft haben, abzubauen. Dieser Prozess ist schmerzhaft und dauert. Vor allem führt er nicht zu einer weiteren Annäherung, sondern zu weiterer Divergenz.

Die Euroländer haben immer weniger miteinander gemein. Auf der einen Seite stehen

- Italien, das bereits auf zwei verlorene Jahrzehnte zurückblickt und im eigenen »japanischen Szenario« geringen Wachstums feststeckt;
- Spanien, das die Staatsschulden deutlich erhöhte, um so den tiefsten Einbruch zu verhindern;
- Portugal, wo Staat und Privathaushalte hoch verschuldet sind und das die geringste Innovationskraft aller Euroländer aufweist, und schließlich
- Griechenland, das trotz Schuldenschnitt und Hilfe der anderen Euroländer eine noch immer hohe Staatsverschuldung vor sich herschiebt.[6]

Auf der anderen Seite stehen Länder wie die Niederlande und Deutschland, die auch dank des Euro an internationaler Wettbewerbsfähigkeit gewonnen haben. Frankreich hängt dazwischen, nicht so schwach wie die Krisenländer, nicht so stark wie die östlichen Nachbarn.

Wie schon bei der lateinischen Münzunion von 1865 muss man feststellen, dass sich heterogene Staaten mit nationaler Souveränität nicht über ein Geldsystem integrieren lassen. Und wie damals kann man davon ausgehen, dass alles versucht wird, den Euro zu erhalten, weil die Mitgliedsländer die Kosten eines Austritts scheuen.[7]

Die Kosten eines ungeordneten Zerfalls der Eurozone wären enorm. Ernsthafte Studien rechnen mit einem Schock für das Weltfinanzsystem und die Weltwirtschaft, der größer wäre als die Finanzkrise. Deutschland wäre in mehrfacher Hinsicht schwer getroffen. Die Exporte würden angesichts einer relativen Aufwertung der Deutschen Mark einbrechen, während zugleich die aufgebauten Forderungen – nicht nur, aber auch die TARGET2-Forderungen der Bundesbank – deutlich an Wert verlören.[8]

Es ist nicht verwunderlich, dass die Politik dieses Szenario scheut. Es ist aber sehr wohl ein Problem, dass sie nicht handelt, um diese Situation zu verhindern. Alle Bemühungen, den Euro über eine gemeinsame Haftung (ESM, Bankenunion) und mehr Umverteilung (gemeinsame Arbeitslosenversicherung) zu stabilisieren, müssen scheitern, weil sie nicht das erforderliche Volumen erreichen können, so der IWF[9] und weil sie nichts an den grundlegenden Konstruktionsmängeln des Euro ändern.

Dabei wird das Problem mit der Zeit nicht kleiner, sondern größer. Die Schulden bleiben weiterhin auf einem zu hohen Niveau. Die Wirtschaft wächst angesichts einer stagnierenden und bald schrumpfenden Erwerbsbevölkerung und geringer Produktivitätsfortschritte immer weniger. Vor diesem Hintergrund war es nur eine Frage der Zeit, bis es zu neuen Spannungen und Krisen kommen musste. Die Probleme werden grundlegend falsch angegangen. Das kann auf die Dauer nicht funktionieren.

Kurze Erinnerung: Warum die EU nicht funktioniert

Nicht viel besser stand es im Herbst 2019 um die Europäische Union. Die EU hat es in den letzten 20 Jahren nicht geschafft, ihre selbstgesetzten Ziele zu erreichen. Im März 2000 verabschiedeten die europäischen Staats- und Regierungschefs auf einem Sondergipfel in Lissabon ein Programm, um die EU bis zum Jahr 2010 zum »wettbewerbsfähigsten und dynamischsten wissensgestützten Wirtschaftsraum der Welt zu machen«. Ziel war es, die Produktivität und Innovationskraft relativ zu Japan und vor allem den USA zu verbessern.

Nachdem diese Ziele nicht erreicht worden waren, verabschiedete man eine »Nachfolgestrategie«: »EUROPA 2020. Eine Strategie für intelligentes, nachhaltiges und integratives Wachstum.«[10] Auch dieser Plan ging nicht auf. Weshalb?

- Die Forschungsausgaben sollten EU-weit bei drei Prozent des BIP liegen. Tatsächlich betragen sie 2,07 Prozent. Nur die Werte für Schweden, Österreich, Dänemark und Deutschland liegen über der geforderten Schwelle.[11]
- Auch bei der Zahl der Patente relativ zur Bevölkerungszahl liegen die Staaten der EU deutlich hinter den Wettbewerbern in Asien, den USA, aber auch der Schweiz.[12]
- Nur zwölf der führenden 100 Technologiekonzerne der Welt haben ihren Sitz in einem EU-Land. In den USA sitzen 45, in Japan und Taiwan jeweils 13.[13]
- Die Quote der Schulabbrecher sollte EU-weit nicht mehr über zehn Prozent liegen. Deutschland, aber noch mehr Spanien, Portugal und Italien befinden sich deutlich über diesem Niveau.
- Keine Universität der EU gehört zu den 20 weltbesten Hochschulen. Beste EU-Uni ist Kopenhagen auf Platz 26.[14]
- Auch von den Zielen eines Breitbandanschlusses für jedermann im Jahr 2013, sehr viel höheren Internetgeschwindigkeiten von 30 Mbps (oder mehr) bis 2020 und eines Internetanschlusses von

über 100 Mbps für 50 Prozent oder mehr aller europäischen Haushalte sind wir weit entfernt.

- Das Wachstum der Produktivität war in der EU noch geringer als im Rest der Welt. Seit dem Jahr 2000 stieg das reale Pro-Kopf-Einkommen in Südkorea um 63 Prozent, in den USA um 27 Prozent und sogar in Japan um 17 Prozent. Die Niederlande sind das einzige der größeren EU-Länder, das mit einem Zuwachs von 18 Prozent halbwegs mithalten kann. Frankreich und Spanien schafften 14 Prozent, Deutschland 13 Prozent und in Italien sank das Pro-Kopf-Einkommen seit dem Jahr 2000 real um drei Prozent![15]

Es ist damit unstrittig, dass die EU in den letzten Jahren an Wettbewerbsfähigkeit verloren, nicht gewonnen hat. Als Indikator mag die Entwicklung des Anteils am Welt-BIP dienen: Dieser muss sinken, weil die Schwellenländer, namentlich China und Indien, stark aufholen. Doch der Marktanteilsverlust der EU von weit über 20 Prozent auf heute rund 16 Prozent ist nicht nur Folge des Aufholprozesses in Asien. Es widerspiegelt das Versagen der Ansätze zur Erhaltung der Wettbewerbsfähigkeit und der Wirtschaftskraft in der EU.

Für die Bürger bedeutet das konkret, dass ein wesentliches Versprechen der EU nicht eingelöst wird – das Schaffen weiteren Wohlstands. Im Gegenteil, die EU steht vor denselben existenziellen Herausforderungen wie Deutschland: absehbar schrumpfende Erwerbsbevölkerung, ungedeckte Versprechen für die alternde Gesellschaft in Billionen-Höhe,[16] unzureichende Produktivitätszuwächse und fehlende Innovationskraft. Die Bevölkerung nimmt diese schleichende Erosion nur zum Teil wahr.

Packen wir dazu noch das Versagen der Politik, eine strategische Antwort auf den sich verschärfenden Migrationsdruck zu finden – hier Schrumpfvergreisung, vor unseren Toren Bevölkerungsexplosion –, so sind wir nicht weit von einer existenziellen Krise der EU entfernt.

Genau eine solche existenzielle Krise droht heute. Das Virus hat eine ohnehin schon geschwächte EU ins Mark getroffen. Selbst die glühendsten Anhänger der Union müssen einräumen, dass Brüssel im Zuge der Corona-Krise nicht in der Lage war, zu führen. Statt gemeinsamer Antworten auf die Herausforderung gab es eine Flut an Einzelmaßnahmen der Mitgliedsländer. Statt dem besonders hart getroffenen Italien rasch zu helfen, herrschte Schockstarre. Geschlossene Grenzen, Ausfuhrbeschränkungen für medizinisches Material und eine Politik des »Jeder für sich selbst« passen nicht zu dem Bild, das die EU von sich selbst entwirft. Die Existenzkrise ist da.

Eine bessere EU als Antwort

Die wirtschaftliche Logik für eine enge Zusammenarbeit der Europäer liegt auf der Hand. Gemeinsam haben sie politisch international mehr Gewicht, der Binnenmarkt ist der größte der Welt und damit stellt sich jedes Land besser als allein.

Der Austritt Großbritanniens widerspricht dieser Logik offensichtlich. Dennoch kam es bekanntlich zum Brexit, und auch wenn es Hoffnung gibt, das Land künftig nahe an der EU zu halten – gerade auch wegen der enormen militärischen Bedeutung und der engen Handelsbeziehungen –, ist der Austritt ein Warnsignal für die EU. Scheitert sie fortgesetzt bei dem Versuch, den theoretischen Nutzen auch praktisch zu realisieren und für die Bürger spürbar zu machen, wird der Druck wachsen. Ein wirtschaftlich erfolgreiches Großbritannien nach dem Austritt ist zweifellos einer der größten Albträume in Brüssel.

Deutschland muss deshalb seine abwartende Rolle der letzten Jahre aufgeben und versuchen, die EU – und eng damit verbunden den Euro – zu sanieren. Dies aber meiner Meinung nach anders, als es hierzulande politisch diskutiert wird. Ein breiter Konsens unter deutschen Politikern lautet: Bei jedem Problem der EU lautet die Antwort mehr Integration, und wir sollten bereit sein, mehr in den

Gemeinschaftstopf einzuzahlen. Begründet wird das mit dem großen wirtschaftlichen Nutzen, den wir angeblich aus der EU (und dem Euro) ziehen.

Abgesehen davon, dass es mit dem wirtschaftlichen Nutzen keineswegs so eindeutig ist, wie behauptet wird,[17] sind erhebliche Zweifel an der Erwartung angebracht, dass die Probleme der EU mit mehr Umverteilung und mehr Integration zu lösen sind. Die Argumentation der Politik erinnert an den Philosophen Paul Watzlawick, der einmal treffend feststellte, dass, wer als Werkzeug nur einen Hammer hat, in jedem Problem einen Nagel sieht. Für die EU und die EU-fokussierten Politiker ist die Antwort auf jede Krise ein Mehr an Integration. Doch das ist weder richtig, noch entspricht es den Wünschen der Bevölkerung.[18] Aus diesem Grund muss die EU dringend umsteuern, will sie sich selbst erhalten und den Nutzen für die Bürger schaffen, den es durchaus gibt.

Mit dem Weggang Großbritanniens fehlt auf der Ebene der EU eine wichtige Stimme für den Gedanken des Wettbewerbs, der Marktwirtschaft und der Subsidiarität. Die Mehrheit der Mitgliedsstaaten steht in einer eher planwirtschaftlichen und zentralistischen Tradition. Nicht zufällig hat der Ökonom Hans-Werner Sinn gefordert, den Vertrag von Lissabon zu ändern, um den veränderten Stimmgewichten in der EU nach dem Brexit Rechnung zu tragen. Ohne Großbritannien liegt die Mehrheit der Stimmen eher bei den südlichen Ländern und Frankreich.

Für Deutschland bedeutet dies, dass wir uns nicht mehr wie früher hinter den Briten verstecken können, wenn es um bestimmte Themen geht. Vor allem bei Budgetfragen und Versuchen, mehr Macht nach Brüssel zu verlagern, war in dieser Hinsicht auf die Briten Verlass. Da es offensichtlich ist, dass die Probleme der EU sich nicht einfach nur durch mehr Geld und mehr Zentralisierung lösen lassen, muss nun Deutschland die Rolle der ökonomischen Vernunft besetzen. Ein erheblicher Rollenwechsel – dessen bin ich mir bewusst –, aber nur so dürfte es gelingen, die EU erfolgreich in die Zukunft zu führen.

Die Reformagenda sollte beinhalten:

- Steigerung des Wirtschaftswachstums durch Strukturreformen, die diesen Namen verdienen. Weitere zehn Jahre, in denen die EU die selbstgesteckten Ziele nicht erreicht, können wir uns nicht leisten.
- Priorität auf der Schaffung von Wohlstand durch Ändern der politischen Agenda der EU. Das heutige Zielsystem fokussiert auf Regulierung, Planwirtschaft (siehe Klimapolitik) und Unterdrücken von Wettbewerb.
- Dezentralisierung statt Zentralisierung von Entscheidungen in Europa. So viel Subsidiarität wie möglich. Programm zur Rückführung von Aufgaben auf das Niveau der Nationalstaaten.
- Bund von Nationalstaaten statt Superstaat durch Aufgabe der Idee der zunehmenden Zentralisierung. Die Bürger müssen wieder mehr an Entscheidungen beteiligt werden.
- Mehr statt weniger Wettbewerb zwischen den Mitgliedsländern. Es muss sich lohnen, Initiative zu ergreifen und den eigenen Standort zu stärken. Gerade der intensive Wettbewerb der Länder Europas in den vergangenen Jahrhunderten war ein Grund für den wirtschaftlichen Aufstieg der Region.
- Wirksame Begrenzung der Zuwanderung durch Schutz der Außengrenzen und Orientierung der Zuwanderungspolitik an den eigenen ökonomischen Interessen.
- Demokratisierung der Institutionen. Es kann nicht sein, dass die Stimmen der einzelnen Bürger im EU-Parlament unterschiedliche Gewichte haben, weil die Bürger kleinerer Staaten relativ mehr Abgeordnete nach Brüssel schicken. Dies verbietet sich vor allem dann, wenn man dem Parlament mehr Rechte einräumen möchte.

Ziel wäre eine EU, die sich auf wenige Kernaufgaben beschränkt, insbesondere auf den Binnenmarkt, den gemeinsamen Schutz der Außengrenzen und die Verteidigung. Dieser Wandel wäre möglich, allerdings setzt er eine Abkehr der EU-Eliten von der bisherigen Politik voraus. Wahrscheinlicher ist, dass sie am bestehenden Kurs festhalten und damit scheitern – und das mit weitaus verheerenderen Konsequenzen, als ein freiwilliger Wandel sie je haben könnte.

Patient Euro mit falscher Medizin

Zwingende Voraussetzung für eine Reform der EU muss eine Korrektur des Eurofehlers sein. Wie gezeigt, bewirkt der Euro mehr eine wirtschaftliche – und damit absehbar auch politische – Spaltung der EU als eine engere Bindung. Seit Jahren befindet er sich auf der Intensivstation. Beatmet vom billigen Geld der EZB und immer weiter steigenden Schulden, wird er am Leben erhalten und die Polit-Mediziner wissen nicht, was tun. Sie hoffen auf ein Wunder, also die Genesung aus eigener Kraft.

Dabei gibt es am Krankenbett des Euro zwei Schulen von Medizinern. Auf der einen Seite stehen diejenigen, die glauben, es bedürfe nur eines Mehr an »Solidarität«, gemeint ist Umverteilung, um dem Euro wieder auf die Beine zu helfen. Auf der anderen diejenigen, die unter Verweis auf Beispiele wie die über 100-jährige Währungsunion zwischen Nord- und Süditalien feststellen, dass eine solche Umverteilung nicht nur viel kostet, sondern darüber hinaus die Probleme eher verfestigt, anstatt sie zu lösen.

Natürlich findet jede Seite die ihr genehmen Experten, die die gewünschten Empfehlungen mit mehr oder weniger tauglichen Analysen unterstützen.[19] Während die Experten also seit Jahren streiten, geschieht – nichts. Die eigentlichen Krankheitssymptome – die unterschiedliche Wettbewerbsfähigkeit der Mitgliedsländer, die stagnierende Wirtschaft und die steigende Verschuldung – verschlimmern sich derweil immer mehr. Kaschiert durch immer geringere Zinsen und durch ein Deutschland, das bisher – gedopt von diesem billigen Geld und vor allem durch den schwachen Euro – von Exporterfolg zu Exporterfolg eilte.

Einige der Mediziner am Krankenbett des Euro haben nur auf diese Zuspitzung gewartet. Gilt es doch als »Erfolgsrezept« der Europäer, Krisen dazu zu nutzen, die Integration der EU und die Haftungsgemeinschaft im Euro weiter voranzubringen. So zumindest Wolfgang Schäuble als Bundesfinanzminister in einem Gastbeitrag für die *F.A.Z.*[20] Maßnahmen, die unter normalen Umständen politisch nicht durchzusetzen wären, gehen dann plötzlich doch durch.

Die nächste Krise des Euro geht mit der Corona-Pandemie einher. Die Krisenländer des Euro – inklusive Frankreichs – erhoffen sich durch mehr Transfers von den starken Ländern eine »Lösung«, obwohl selbst Experten des IWF vorrechnen, dass eine Transferunion nicht groß genug sein kann, um die strukturellen Probleme zu lösen.

Ein Vehikel für diese Umverteilung soll der umgebaute und erweiterte Europäische Stabilitätsmechanismus (ESM) sein. Der auch Euro-Rettungsschirm genannte ESM soll zu einem Währungsfonds ausgebaut werden, damit der Euro stabiler wird und besser gegen künftige Krisen geschützt ist. In Zukunft soll der ESM gemeinsam mit der EU-Kommission über Hilfsprogramme für Staaten entscheiden, ohne dass die anderen Staaten dies wie bisher kontrollieren können.

Nebenher soll er auch helfen, wenn große Banken pleitegehen. Ein Blick auf die Aktienkurse der europäischen Finanzhäuser genügt, um zu ahnen, wie gigantisch die Probleme sind. Denn anders als die eher weniger glaubwürdigen Stresstests der EZB und die geschönten Zahlen zu den faulen Krediten gibt die Börse eine klare Einschätzung: Wie erwähnt, notierten die Aktien der europäischen Banken schon vor dem Beginn der Corona-Krise bei nur 50 Prozent ihres Buchwertes. Das bedeutet erhebliche Risiken für die Finanziers des ESM, allen voran Deutschland.

Italien wollte übrigens die 410 Milliarden Euro an verfügbaren Mitteln des ESM Ende März 2020 nicht nutzen, weil sie an »Bedingungen geknüpft wären«. Stattdessen forderte Italiens Ministerpräsident Giuseppe Conte, dass die EU »COVID-19-Bonds« ausgibt und »bedingungslos für Italiens Staatsschulden garantiert«.[21]

Die früher Eurobonds genannten Gemeinschaftsanleihen wurden in der Vergangenheit von Deutschland und anderen Staaten wie den Niederlanden abgelehnt, weil sie auf eine Sozialisierung von Staatsschulden auf der Ebene der Eurozone hinauslaufen. Angesichts der sehr unterschiedlichen Schuldenstände der Mitgliedsländer bedeuten sie eine erhebliche Vermögensverschiebung zwischen den Steuerzahlern der einzelnen Länder. Eine Vermögensverschiebung, die zudem angesichts der sehr unterschiedlichen Vermögensverhältnisse der privaten Haushalte in den einzelnen Mitgliedsländern kritisch zu sehen ist.

Trotzdem dürfte die EU in den kommenden Wochen entsprechende Umverteilungsmaßnahmen beschließen. Im Gespräch waren zum Zeitpunkt des Redaktionsschlusses für dieses Buch ein Corona-Notfallfonds, der Geld an die besonders betroffenen Länder verschenkt, und verschiedene Vehikel zur Aufnahme weiterer Kredite.[22]

Diese werden – wie die Maßnahmen der letzten Jahre – geeignet sein, dem Euro Zeit zu kaufen. Die grundlegenden Probleme lösen sie jedoch nicht.

Natürlich müssen wir solidarisch sein

Natürlich müssen sich die starken Länder in der Bewältigung der Herausforderungen aus der COVID-19-Krise solidarisch zeigen. Im Kapitel *Coronomics für Deutschland* zeige ich, wie Deutschland solidarisch sein kann und wie eine Entlastung von den hohen Staatsschulden in der EU organisiert werden könnte. Dieses Thema ist im Kontext mit dem im nächsten Kapitel diskutierten Neustart der Finanzordnung zu sehen.

Perspektivisch sollte nach der akuten Krise über die Zukunft der Eurozone nachgedacht werden und die Grundprobleme müssten endlich angegangen werden. Wir haben es mit einer immer größeren Divergenz der wirtschaftlichen Kräfte zu tun. Selbst wenn die Schuldenlast in einem solidarischen Akt reduziert würde, würde sich die fehlende Wettbewerbsfähigkeit nicht über Nacht einstellen, und die Spannungen zwischen den Wirtschaften nähmen zu. Wir sollten deshalb die Einführung von Parallelwährungen in den Mitgliedsländern prüfen, eventuell sogar in allen. Der Euro bliebe erhalten, aber es wäre ein halbwegs eleganter Weg, um eine größere Schwankungsbreite zwischen den Währungen und damit ein Ventil zur Anpassung wieder zu öffnen, das seit der Euroeinführung verschlossen ist. Schnell würden die lokalen Währungen dominieren.

Der Traum der Europäer, neben dem US-Dollar eine dominierende Weltwährung zu schaffen, ist gescheitert. Der Euro hat heute einen Anteil an den Weltwährungsreserven, der dem der D-Mark vor der Euroeinführung entspricht. Der praktische Nutzen einer einheitlichen Währung ist in der heutigen Welt globaler Kapitalmärkte begrenzt, können Unternehmen sich doch gegen Wechselkursrisiken absichern.

Die Alternative zur faktischen Auflösung der Eurozone wäre eine verkleinerte Währungsunion jener Länder, die ökonomisch gut zusammenpassen. Um Deutschland herum wären das vor allem die Niederlande und Österreich. Frankreich ist als Grenzfall zu sehen.

Ein »Weiter so« wird nicht möglich sein

Die Corona-Krise führt eindrücklich die Defizite der EU und des Euro vor Augen. Sie zeigt, dass es nicht möglich sein wird, nach der akuten Phase der Krise zu einem »business as usual« überzugehen. Die EU und der Euro brauchen einen echten Neustart, wozu es auch einer Strukturänderung der EU und einer Sanierung der Währung bedarf. Letztere ist im Zusammenhang mit dem monetären End-spiel zu sehen, das uns im nächsten Kapitel beschäftigen wird. Das Virus legt nicht nur die Grenzen der gesundheitspolitischen Vor-sorge offen, es zeigt auch auf, dass wir uns in den letzten Jahren um die Lösung grundlegender, schwieriger und kontroverser Probleme gedrückt haben. Jetzt geht das nicht mehr.

Neustart der Finanzordnung

Deutschland steht gegenwärtig und zukünftig vor enormen finanziellen Herausforderungen. In den anderen Ländern der Welt sieht es nicht besser aus. Überall werden Konjunkturprogramme in Milliardenhöhe aufgelegt, die EU setzt ihre Schuldenregeln außer Kraft und in den USA beschließt der Kongress ein Rettungspaket über 2000 Milliarden Dollar. Dabei wird es nicht bleiben. Dort, wie auch im Rest der Welt, werden weitere folgen. Das ist der Preis für den Kampf gegen den größten wirtschaftlichen Schock seit dem Zweiten Weltkrieg.

Die Notenbanken tun derweil das ihre. Sie überschwemmen die Märkte erneut mit Liquidität und zeigen damit, dass sie entgegen der wenige Monate vor Corona geäußerten Befürchtungen noch in der Lage sind, ihre ohnehin schon massiven geldpolitischen Maßnahmen auszuweiten.

Das beeindruckt die Kapitalmärkte vorerst nicht. Sie forderten mehr, und es spricht vieles dafür, dass sie mehr bekommen: mehr Liquidität der Notenbanken, mehr Staatsausgaben.

Leben auf Pump

Deutschland hat die finanziellen Möglichkeiten, um in großem Maßstab auf die Krise zu reagieren. Und das trotz der Tatsache, dass

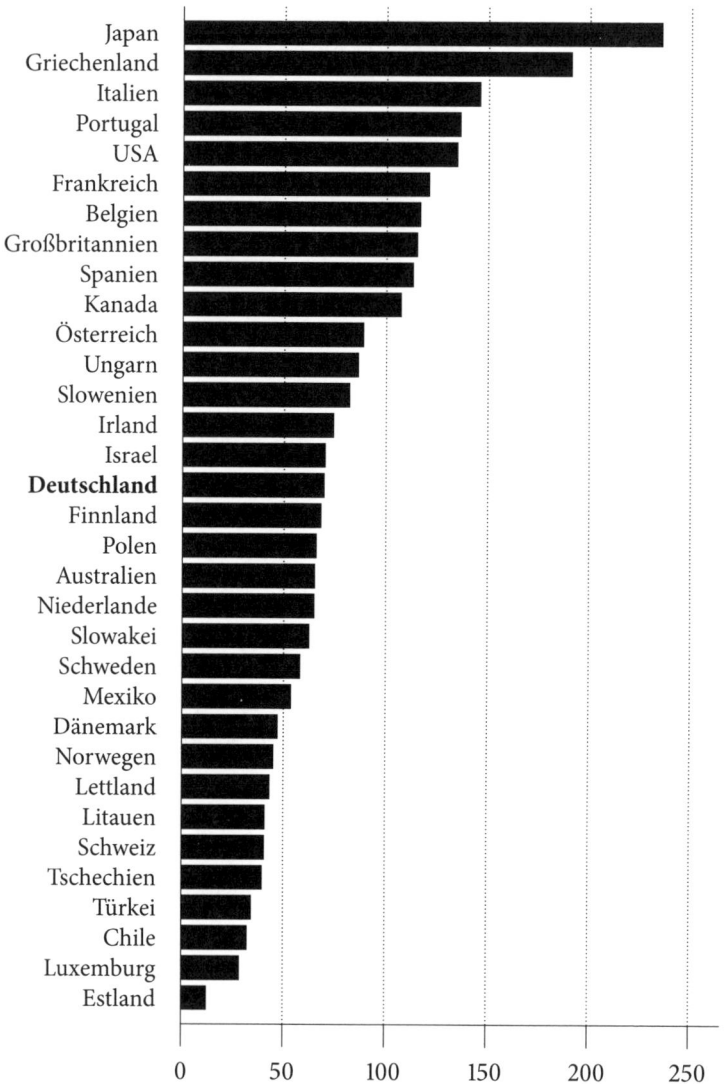

Staatsverschuldung in % BIP, 2019 bzw. aktuellster Wert

Abb. 9: Staatsverschuldung schon vor Corona auf hohem Niveau

Quelle: OECD, abrufbar unter https://data.oecd.org/gga/general-government-debt.htm

unsere Politiker in den letzten zehn Jahren aus dem Vollen geschöpft, nur wenig wirklich »gespart« und zugleich wichtige Zukunftsinvestitionen verschleppt haben.

In den anderen Ländern der westlichen Welt sah es schon vor der Krise deutlich anders aus (siehe Abbildung 9).

Deutschland ist neben den Niederlanden einer der wenigen großen Staaten mit einer relativ geringen offiziellen Staatsverschuldung. In fast allen Ländern ist die Verschuldung in den letzten Jahren – allen gegenteiligen Beteuerungen zum Trotz – weiter gestiegen. Japan lebt schon seit Jahren mit hohen Schulden und weiterhin hohen Defiziten. Die USA haben unter Donald Trump 2019 ein Defizit im Bundeshaushalt von rund fünf Prozent des BIP ausgewiesen, während die US-Wirtschaft nur um rund drei Prozent wuchs. Das unterstreicht den bereits im ersten Kapitel aufgezeigten Punkt: Wir haben es mit einer äußerst schwachen Erholung nach der Finanzkrise zu tun.

Doch damit nicht genug. Die tatsächliche Verschuldung ist inklusive der ungedeckten Versprechen in Bezug auf die Versorgung der alternden Gesellschaft nicht nur in Deutschland deutlich höher. So rechnet die EU-Kommission vor, dass in praktisch allen Mitgliedsländern der EU erhebliche Lücken in den Staatsfinanzen klaffen. Während Deutschland nach dieser Rechnung ab sofort 3,6 Prozent des BIP hätte zusätzlich sparen müssen, um für die Alterung vorzusorgen, lag der Werte im Durchschnitt der EU bei 2,8 Prozent.[1]

Dies unterstreicht, dass unabhängig vom Corona-Schock die Staatsfinanzen in vielen Ländern nicht nachhaltig tragbar waren. Über Jahrzehnte gaben die Politiker in der westlichen Welt Versprechen, die sich nicht finanzieren ließen. In Deutschland war dies sogar die Hauptaktivität der letzten Jahre, wurden doch mit der Mütterrente, der Rente mit 63 und der Grundrente Milliardenlasten in Gesetzen festgeschrieben.

Hinzu kommt die bereits aufgezeigte Verschuldung der Unternehmen und privaten Haushalte. Auch diese nahm bedenkliche Ausmaße an und wirkte zudem immer weniger auf die Realwirtschaft. Überall auf der Welt war das gleiche Phänomen zu beobachten: Immer mehr Schulden brachten immer weniger ein (siehe Abbildung 10).

Veränderung des Delta BIP pro 1 US-Dollar neue Schulden

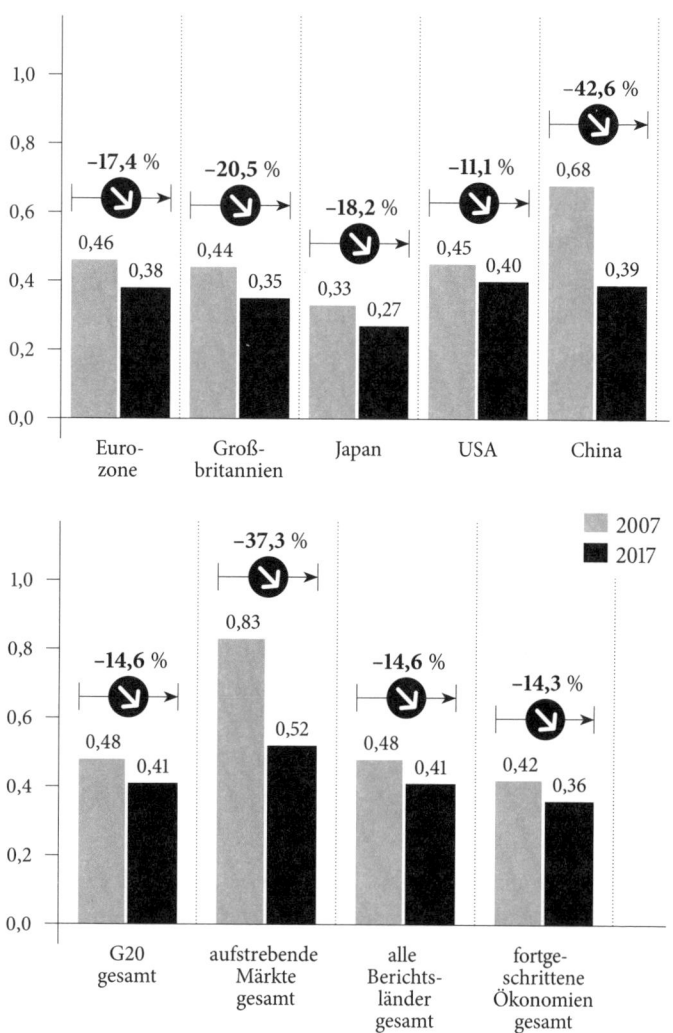

Abb. 10: Schulden mit immer geringerer WirkunDollar

Quelle: Hoisington https://hoisingtonmgt.com/pdf/HIM2018Q2NP.pdf

Völlig unabhängig von exaernen Schocks standen wir vor einem erheblichen Problem. Immer höhere Schulden, ungedeckte Versprechen künftiger Leistungen, geringes Wachstum und unzureichende Produktivitätsfortschritte waren eine Mixtur, die den Verantwortlichen immer größere Sorgen bereitete.zInternationale Organisationen wie die Weltbank, der Internationale Währungsfonds und die OECD forderten immer lauter einen Kurswechsel. Dieser bestand allerdings nicht darin, von der Politik der immer weiter steigenden Verschuldung abzukehren, sondern im Gegenteil, Wege zu finden, die Nachfrage zu steigern und neue Mittel in die Wirtschaft zu pumpen, ohne dass dies zu mehr Schulden führt. Im Klartext: Die Finanzierung der Staaten durch die Notenbanken stand im Raum.

Japanische Verhältnisse für alle

Getragen waren diese Überlegungen von der Sorge vor einem »japanischen Szenario« für die gesamte westliche Welt. Gemeint ist eine lange Phase geringen Wachstums, tendenziell fallender Preise (Deflation) und eines relativen wirtschaftlichen Niedergangs, das heißt eine »Eiszeit«.[2]

In der Tat befand sich namentlich die Eurozone vor dem Corona-Schock auf dem besten Weg dorthin. Die Deutsche Bank hat in einer Studie die Parallelen zwischen der Entwicklung in Japan seit dem Platzen der dortigen Blase Ende der 1980er-Jahre und derjenigen in der Eurozone seit Beginn der Eurokrise zusammengefasst.[3] Das Ergebnis:

- Die Zinsentwicklung ist fast identisch. In beiden Fällen sanken die Realzinsen nach Krisenbeginn deutlich und verharrten auf einem niedrigen Niveau.
- Die Bevölkerungszahl erreichte vor Krisenbeginn den Höhepunkt und begann anschließend zu schrumpfen. Besonders ausgeprägt ist der Rückgang der Erwerbsbevölkerung bedingt durch

die Alterung der Gesellschaft. Sehr eindrücklich ist hier der Vergleich zwischen Deutschland und Japan, steht uns doch ein Rückgang wie in Japan bevor.

- Ebenfalls identisch ist die Entwicklung der Rentnerzahlen. Wie in Japan nach 1990 steht auch bei uns eine massive Erhöhung der Zahl der Renten- und Pensionsempfänger bevor, während die Zahl der Beitragszahler schrumpft.

- Wie Japan ist auch Europa davor zurückgeschreckt, das Bankensystem nach dem Platzen der Blase zu sanieren. Dort wie hier wurde darauf gesetzt, dass die Banken sich im Lauf der Zeit erholen würden. Die Bilanzierungsregeln wurden gelockert, und damit wurde ein System gefördert, das eigentlich insolvente Banken und Unternehmen am Leben erhält. Man spricht hierbei von »Zombies«, also Unternehmen, die nur deshalb noch existieren, weil die Kredite fast nichts kosten. Dies drückt die Wachstumsraten der Wirtschaft zusätzlich, weil diese Unternehmen nicht investieren und innovieren.[4] So überrascht es auch nicht, dass sofort zu Beginn der Corona-Krise eine weitere Herabstufung europäischer Banken durch die Ratingagenturen bevorstand.[5]

- Wie Japan nach dem Schock von 1989 hat sich auch die europäische Wirtschaft nicht vom Schock der Finanz- und Eurokrise erholt. Das Wachstum lag deutlich unter dem Vorkrisentrend.

- Übrigens ähnelt Italien der Analyse zufolge Japan besonders stark. Dem Land gelang es in keiner Weise, sich von den Krisen der letzten Jahrzehnte zu erholen.

Bedenklich erscheint zudem die Tatsache, dass es Japan in den letzten Jahren gelungen ist, dass BIP pro Erwerbstätigen deutlich zu erhöhen. Damit konnte das Land einen guten Teil des Rückgangs der Erwerbsbevölkerung auffangen. In Europa hingegen wuchs die Produktivität deutlich langsamer, in Deutschland ist sie in den letzten Jahren sogar gefallen.

Europa steht ohnehin deutlich schlechter da, um mit einem japanischen Szenario fertig zu werden, und zwar aus den folgenden Gründen:

- Die EU ist kein einzelner Staat, sondern ein Zusammenschluss verschiedener Staaten, die mehr und mehr auf die eigenen Interessen achten.
- Die Bevölkerungen der Mitgliedsländer sind weniger homogen und vermutlich auch weniger leidensbereit als die Japaner.
- Der Euro legte den Mitgliedsländern ein straffes Korsett an, das Anpassungen noch schwerer machte und deshalb das japanische Szenario weiter verschärfte.

Dies dürfte die EU – und vor allem die Eurozone – zusätzlich unter Druck setzen.

Notenbanken in der Ecke

Die Notenbanken spielten nicht nur im Zusammenhang mit der Entwicklung an den Finanzmärkten eine unglückliche Rolle. Es lohnt sich, hier nochmals genauer hinzuschauen.

Seit den 1980er-Jahren kennen die Zinsen weltweit nur eine Richtung: nach unten. Immer dann, wenn es an den Finanzmärkten oder in der Wirtschaft zu Turbulenzen kam, handelten die Notenbanken der westlichen Welt schnell. Zinsen wurden gesenkt und man pumpte zusätzliche Liquidität in die Märkte. Allerdings wurden im Anschluss die Zinsen nie wieder auf das vorherige Niveau angehoben. So sanken sie über die Jahrzehnte immer tiefer. In Europa wurde dies durch die Einführung des Euro noch verstärkt, weil die EZB die Zinsen – aus Rücksicht auf das damals kränkelnde Deutschland – jahrelang zu tief hielt und so den Schulden- und Immobilienboom in den heutigen Krisenländern erst ermöglichte.

Je höher verschuldet ein System ist, desto größer ist die Krisenanfälligkeit und umso bedrohlicher auch jede Krise. Deshalb mussten die Notenbanken immer heftiger intervenieren, was wiederum einen Anreiz gab, noch mehr Schulden zu machen, weil es nochmals deutlich billiger wurde. Das Medikament, das die Notenbanken geben, verstärkt die Krankheit.

Die steigende Schuldenlast ist indes kein Zufall, sondern zwingende Voraussetzung, um die Illusion der Bedienung der bestehenden Schulden aufrechtzuerhalten. Die Nebenwirkung gehört also dazu, wenn man unser Schuldgeldsystem in die nächste Runde schicken möchte. Genauso wie die Nebenwirkung immer höherer Asset-Preise, da Geld, das zunehmend weniger kostet, zwangsläufig die Besitzer von Vermögenswerten begünstigt. Nichts anderes steht hinter der von Ökonomen wie Thomas Piketty kritisierten Abkopplung der Vermögen von den Einkommen.[6] Ohne zunehmenden Leverage gibt es keine weiter steigenden Vermögenspreise. Blasen sind so gesehen keine zufälligen Ereignisse, sondern gehören zwangsläufig dazu.

So hatten sich die Notenbanken schon vor der Corona-Krise in eine zunehmend ausweglose Situation manövriert. Die Angelsachsen würden sagen: »They painted themselves into a corner.«

- Sie hatten es mit einer Rekordbewertung der Asset-Märkte zu tun. Ursache sind niedrige Zinsen und ein Rekord-Leverage. Die Börsen hatten damit vor Corona relativ zum BIP in den USA den höchsten Stand der Geschichte erreicht.
- Sie hatten es mit einer Rekordverschuldung der Realwirtschaft zu tun.
- Sie befanden sich in einem Währungskrieg miteinander. Immer darauf achtend, dass der Wert der eigenen Währung nicht zu stark steigt.
- Sie steckten in dem Dilemma, Inflation nicht zulassen zu dürfen, sie aber eigentlich anzustreben, um die Schulden real zu entwerten.
- Sie hätten die Zinsen deutlich erhöhen müssen, um sie in der nächsten Krise ausreichend senken zu können, wussten aber, dass es eine überschuldete Weltwirtschaft und ein auf Leverage gebautes Kartenhaus schlecht verkraften, wenn die Zinsen steigen.

- Sie hatten es mit einer weitgehend dysfunktionalen Politik zu tun. In den USA beschloss man auf dem Höhepunkt des Aufschwungs Steuersenkungen und Infrastrukturprogramme auf Kredit und brach zugleich einen globalen Handelskrieg vom Zaun. In Europa stritt die EU mit Großbritannien, um andere Länder von ähnlichen Ausstiegsüberlegungen abzuhalten. Gleichzeitig wurde eine wirkliche Lösung der Eurokrise verschleppt.

Das führte zu zwei spannenden Fragen: Leitet die nächste Krise schon das Endspiel ein? Oder fällt den Notenbanken noch etwas ein, um das System eine Runde weiter zu bekommen und allen noch ein paar angenehme Jahre steigender Vermögenspreise, stabiler Konjunktur und Wohlstandsillusion auf Pump zu ermöglichen? Da ahnte noch niemand, dass wir es mit einer Krise historischen Ausmaßes zu tun bekommen würden.

Radikale Ideen

So verwundert es wenig, dass schon vor Corona intensiv darüber nachgedacht wurde, den Instrumentenkasten der Notenbanken zu erweitern. Es ging immer um die Frage: Wie können wir den Weg der letzten 30 Jahre weitergehen, obwohl die Zinsen schon bei (oder unter) null liegen und wir bereits für Billionen Euro Wertpapiere gekauft haben? Die Liste der in die Diskussion eingebrachten Ideen ist durchaus in sich konsistent. Es ging darum, den Notenbanken den Weg zu noch negativeren Zinsen und weiteren umfangreichen Liquiditätsspritzen zu ermöglichen und zugleich die Möglichkeiten der Flucht aus dem System zu begrenzen:

- KAMPF GEGEN DAS BARGELD. Schon seit Jahren läuft eine Kampagne gegen die Nutzung von Bargeld. Zunächst plädierten Ökonomen wie der ehemalige Chefvolkswirt des IWF, Kenneth Rogoff, dafür, Bargeld möglichst weitgehend abzuschaffen – vordergründig, um Schattenwirtschaft und Kriminalität zu bekämpfen.[7] Dann wurde der 500-Euro-Schein abgeschafft, was die Lagerkosten für Bargeld deutlich erhöht. Schließlich kam der IWF mit der Idee, Bargeld zu versteuern für den Fall, dass es auf dem Bankkonto Negativzinsen gibt.[8] All dies passt zu dem Szenario einer geplanten Entwertung von Geld und damit von Forderungen und Schulden. Gleich zu Beginn der Corona-Epidemie wurde Bargeld als möglicher Übertragungsweg gesehen und wurden dementsprechend Einschränkungen gefordert.[9]

- KAMPF GEGEN DAS GOLD. Passend dazu erklärt der IWF in einem weiteren Arbeitspapier, dass Gold ein destabilisierender Faktor für die Wirtschaft sei.[10] Das ist natürlich richtig, wenn man ein System unterstützt, in dem beliebig viel Liquidität geschaffen werden kann und soll, um die Wirtschaft zu beleben. Da nirgendwo eine Rückkehr zum Goldstandard erkennbar ist, fragt man sich schon, wieso der IWF dieses Thema gerade heute zur Sprache bringt. Ein Grund dafür könnte sein, damit eine solide Finanz- und Geldpolitik zu diskreditieren. Ein anderer, die moralische Argumentation für eine Einschränkung privaten Goldbesitzes zu liefern. Denn Gold ist das ultimative Geld, in das man flüchten kann und sollte – angesichts dessen, was uns bevorsteht. Wer denkt, ein Verbot privaten Goldbesitzes sei undenkbar, der sei an die deutsche, aber auch US-amerikanische Geschichte erinnert.

- KAPITALVERKEHRSBESCHRÄNKUNGEN. Passend dazu werden Beschränkungen des freien Kapitalverkehrs in Abhängigkeit vom Umfeld als geeignetes Instrument gesehen, um Krisen vorzubeugen und Finanzmärkte zu stabilisieren.[11] Dabei sind sie unvermeidbar, wenn man die Flucht der Sparer verhindern will. Fallen Bargeld und Gold als Ausweichmöglichkeiten weg, so muss nur noch die Flucht in ausländische Währungen abgewendet werden, um die Sparer unter Kontrolle zu bekommen.

- MONETARISIERUNG DER SCHULDEN. Sind Ausweichreaktionen unter Kontrolle gebracht, so kann man sich auf die »Lösung« des Schuldenproblems konzentrieren. Da ist zunächst die schon länger diskutierte »Monetarisierung« der Schulden. Gemeint ist, dass die Notenbanken die aufgekauften Schulden von Staaten und Privaten einfach annullieren.[12] Sie könnten sie auch einfach für hundert Jahre zins- und tilgungsfrei stellen, was ökonomisch auf das Gleiche hinausliefe. Beobachter gehen davon aus, dass eine solche Maßnahme, so sie denn einmalig bleibt, keine Gefährdung für den Geldwert darstellte. Was wirklich passiert, wird man sehen. In Japan, das uns auf dem Weg der Monetarisierung einige Jahre voraus ist, dürfte sie schon bald kommen.

- HELIKOPTERGELD. Das Entsorgen der Altschulden über die Bilanzen der Notenbanken wird zur Lösung der Probleme nicht genügen. Die Zombies wären weiter da, die ungedeckten Verbindlichkeiten der Staaten blieben ungedeckt, die Produktivitätsfortschritte wären immer noch schwach und die Erwerbsbevölkerungen würden deutlich zurückgehen. Das Wachstum bliebe also zu gering, um soziale Spannungen zu mindern. Die Antwort darauf liegt in staatlichen Konjunkturprogrammen, direkt von den Notenbanken finanziert. In Anlehnung an Milton Friedman spricht man von »Helikoptergeld«. Das wird in diesem Fall nicht aus Helikoptern abgeworfen, sondern dem Staat geschenkt, damit der es unter die Leute bringt, zum Beispiel, indem er investiert. Auch hier mehren sich die Stimmen in der Wissenschaft, die in diesem Vorgehen das Normalste aller Dinge sehen.[13]

- MODERN MONETARY THEORY (MMT). Doch warum eigentlich nur im Krisenfall den Staat direkt von der Notenbank finanzieren lassen? Wäre es nicht ohnehin besser, wenn man den Staat dauerhaft und großzügig direkt über die Notenbank finanzierte, anstatt wie heute den Umweg über die Geschäftsbanken zu gehen? Vorreiter dieser Überlegungen bezeichnen sie als »Modern Monetary Theory«. Als Skeptiker müsste man anführen, dass es so »modern« nicht ist, wurde es doch schon in der Weimarer Republik ausprobiert. Die Befürworter sehen das natürlich anders. Ihnen zufolge können Staaten, die die Kontrolle über die eigene Notenbank haben (also zum Beispiel die USA, aber eben nicht Italien) so viel neu geschaffenes Geld ausgeben, wie sie wollen, solange die Wirtschaft unausgelastete Kapazitäten hat sowie innovativ und produktiv genug ist, um alle Wünsche zu erfüllen! Und sollte dennoch Inflation drohen, so müsste der Staat über Steuern nur einen größeren Teil des Geldes, das er in den Kreislauf gebracht hat, wieder entziehen. So gesehen waren Simbabwe, Venezuela und Weimar-Deutschland auf dem richtigen Weg und haben nur bei der Besteuerung nicht richtig aufgepasst. Sogar der nicht gerade staatskritische Nobelpreisträger Paul Krugman steht der Idee skeptisch gegenüber. Egal, was man von der Idee hält, sie zeigt ganz klar, in welche Richtung es geht.

Diese Überlegungen – ich muss es nochmals betonen – fanden alle zu einem Zeitpunkt statt, als von einem Corona-Schock noch keine Rede war. Es waren die Maßnahmen, die sich Politiker und Notenbanken überlegt hatten, um die nächste Rezession zu bekämpfen.

Das Virus macht es möglich

Das Problem aus der Sicht der Akteure war, wie solche offensichtlichen Extremmaßnahmen der Öffentlichkeit vermittelt werden könnten. Ein geringes Wirtschaftswachstum und geringe Inflationsraten dürften nicht genügen, um einen derart deutlichen Wechsel der Politik der letzten Jahrzehnte zu rechtfertigen. Zu lange wurde die Unabhängigkeit der Notenbanken betont, wie auch deren primäres Ziel, die Geldwertstabilität zu sichern. Auch verblasste die Erinnerung an die hohen Inflationsraten der 1970er-Jahre nur langsam. In Deutschland kommt das Trauma der Hyperinflation von Weimar hinzu, weshalb es gerade in der Eurozone schwer war, die Richtung hin zu einer offenen Finanzierung der Staaten durch die EZB einzuschlagen. Zwar hatte das Bundesverfassungsgericht bisher alle Klagen gegen die Politik der EZB abgewiesen, unter anderem bezüglich des Verstoßes gegen das Verbot der Staatsfinanzierung. Doch sicher war es nicht, dass dies auch bei noch offenkundigeren Verstößen der Fall sein würde.

Deshalb war es auch kein Zufall, dass die EZB unter ihrer neuen Präsidentin Christine Lagarde eine aktive Rolle der EZB im Kampf gegen den Klimawandel definierte. Die Unterstützung des »Green Deal« in Europa hätte im Kern auch nichts anderes bedeutet, als die Ausgaben der Staaten in Bezug auf den Klimawandel zu finanzieren. Freilich war man noch nicht soweit, doch standen die Chancen nicht schlecht, für diesen guten Zweck auch in Deutschland politische Unterstützung zu erhalten.

Dann kam Corona. Angesichts der größten wirtschaftlichen Krise seit der Weltwirtschaftskrise der 1930er-Jahre und den Billionensummen, die weltweit, aber auch in der Eurozone mobilisiert werden müssen, ist klar, dass dies nur mit der Aufgabe der Trennung von Notenbanken und Staatsfinanzen zu bewältigen ist. Wir Deutschen mögen noch glauben, durch Steuern und Sparen die Schulden wieder in den Griff zu bekommen. Die Österreicher und die Niederländer wohl auch. Die anderen Staaten dachten das nie und hatten es auch nie vor. Nicht nur in der EU. Auch die USA und Japan sind auf diesem Kurs.

Damit ist klar, dass wir vor einem neuen Zeitalter der »fiskalisch-geldpolitischen Koordinierung« stehen. Dabei ist meist eine Form von »Helikoptergeld« gemeint, entweder über eine direkte Zahlung an die Bürger oder eine dauerhafte »Monetarisierung« – also Finanzierung – eines Teils des Haushaltsdefizits. Der Hauptvorteil einer solchen Politik, so argumentieren ihre Befürworter, besteht darin, dass sie die Nachfrage ankurbeln würde, ohne die öffentliche oder private Verschuldung zu erhöhen.

Ein Blick in die Geschichte zeigt, dass es diese Form der Staatsfinanzierung über lange Zeiträume des 20. Jahrhunderts gegeben hat. Zwischen 1930 und 1970 war die direkte Finanzierung der Staaten durch die Notenbanken weithin akzeptiert. Sie war ein wichtiges Mittel, mit dem die Regierungen die Volkswirtschaften nach der Weltwirtschaftskrise wiederbeleben konnten, zur Finanzierung des Zweiten Weltkriegs und der fiskalischen Expansion in der Nachkriegszeit trotz hoher anfänglicher öffentlicher Schuldenquoten im Verhältnis zum BIP. Also genau die Situation, in der wir uns heute auch befinden.

Deshalb lohnt der Blick auf historische Beispiele:[14]

- **DIREKTE FINANZIERUNG DES NEW DEAL (1933–1945).** Im Rahmen des New Deal nutzte Präsident Roosevelt die »Reconstruction Finance Corporation« (RFC) zur finanziellen Unterstützung von Banken und Unternehmen während der Großen Depression. Zwischen 1933 und 1945 verlieh die RFC über 33 Milliarden US-Dollar – in heutiger Kaufkraft über 1,2 Billionen US-Dollar – und war damit das größte Kreditinstitut der Welt. Dies fiel mit einer weiteren Änderung zusammen: Der Notenbank wurde es erlaubt, Staatsanleihen als Sicherheit anzukaufen – also den Staat zu finanzieren. Privater Goldbesitz wurde zugleich verboten. Für damalige Verhältnisse war das Programm umfangreich: Die US-Notenbank Fed kaufte Staatspapiere in erheblichem Umfang mit dem Ziel, die Schuldendienstkosten der Regierung zu senken.
- **SCHULDENMONETARISIERUNG IN JAPAN (1931–1937).** Eines der erfolgreichsten Beispiele für die Monetarisierung von Schulden ist die japanische Regierung in den 1930er-Jahren. Nach der Aufgabe des Goldstandards im Jahr 1931 und der daraus resultierenden Abwertung des Yen begann die Regierung eine massive fiskalische Expansion, die die Wirtschaft wiederbelebte. Die Expansion wurde größtenteils durch die Geldschöpfung der Zentralbank finanziert. Im November 1932 begann die Regierung, komplette neue Anleihen direkt an die Bank of Japan und nicht an private Institutionen zu verkaufen. Schon 1933 hatte Japan die Weltwirtschaftskrise überwunden und es gab keine signifikante Inflation.
- **ZWANGSFINANZIERUNG DURCH PRIVATBANKEN.** Alternativ könnten die Staaten die Privatbanken einfach dazu zwingen, das Darlehen zu einem von der Regierung gewählten Fälligkeits- und Zinssatz

anzunehmen. Während und nach dem Zweiten Weltkrieg waren eine Reihe von Regierungen an dieser Praxis beteiligt, darunter die USA, Kanada und Großbritannien.

Diese Beispiele zeigen, dass die direkte Finanzierung der Staaten durch die Notenbanken keine neue Idee ist. In Krisenzeiten, zur Finanzierung erheblicher Ausgaben, wurde dieses Instrument intensiv genutzt. Das zeigt auch ein Blick auf die Entwicklung der Staatsschulden in Großbritannien und den USA im 20. Jahrhundert (siehe Abbildung 11). Die Finanzierung war letztlich – wie gezeigt – nur mithilfe der Notenbanken möglich.

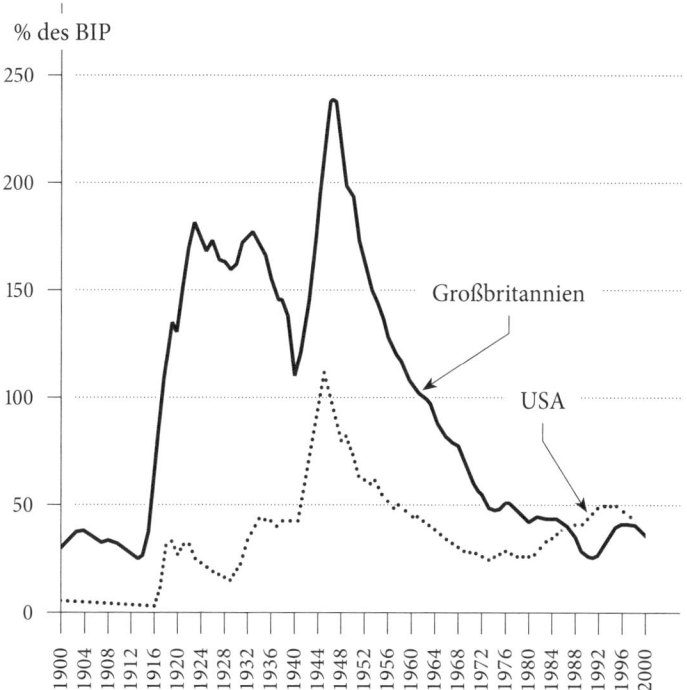

Abb. 11: Entwicklung der Staatsverschuldung in Großbritannien und USA 1900–2000

Quelle: Congressional Budget Office, Historical Data on Federal Debt Held by the Public, and UK Public Spending

Dass die Staaten der westlichen Welt angesichts untragbarer Schulden und ungedeckter Versprechen schon vor dem Corona-Schock in diese Richtung steuerten, ändert nichts daran, dass die aktuelle Krise das Argument liefert, hier nun offener und aggressiver vorzugehen.

Die Beispiele zeigen zudem, dass es ein durchaus wirksames Instrument sein kann, das zudem nicht zwangsläufig zu höherer Inflation führen muss. Die Ursachen dafür scheinen eher darin zu liegen, dass die Politik es übertreibt und nicht rechtzeitig gegensteuert, wenn sich Inflationstendenzen abzeichnen. Wie schwer das allerdings ist, zeigt die Geschichte ebenfalls: Als in Japan 1935 die Inflation zu steigen begann, reduzierte Finanzminister Takahashi Korekiyo die Staatsausgaben, insbesondere die Militärausgaben, und verkaufte Staatsanleihen wieder auf dem freien Markt, um die Inflation einzudämmen. Diese Maßnahme war sehr unpopulär und führte zu seiner Ermordung.

Was wäre die Alternative?

In den meisten fortgeschrittenen Volkswirtschaften gibt es heutzutage rechtliche und verfassungsrechtliche Hindernisse für Regierungen, die erwägen, über einen längeren Zeitraum direkt Kredite bei der Zentralbank ihres Landes aufzunehmen. Und in der Tat sind die Risiken erheblich. Denn wer glaubt schon, dass unsere Politiker, sobald sie den Zugriff auf die Zentralbanken haben, diesen wieder hergeben? Ich jedenfalls nicht.

Wir müssen realistisch sein, denn was wären die Alternativen?

- Die Staaten akzeptieren, dass ihnen die finanziellen Mittel fehlen, und lassen eine neue große Depression zu. Glücklicherweise ist weltweit niemand in Sicht, der allen Ernstes diesen Weg gehen will. Die sozialen und politischen Konsequenzen eines solchen Vorgehens wären verheerend, und wir wissen aus der Geschichte, welche Folgen das haben kann.

- Die Staaten leihen sich das Geld, akzeptieren je nach Ausgangslage die höheren Finanzierungskosten und beginnen nach der akuten Krise, die Schulden abzubauen. Dies behindert die Erholung der Wirtschaft, und es ist schwer vorstellbar, dass das alle Staaten gleichzeitig schaffen. Wir wissen, dass ein signifikanter Abbau der Verschuldung eines Landes – also Privatsektor und Staat gleichzeitig – nur möglich ist, wenn das Land einen Handelsüberschuss erzielt. Diesen können aber nicht alle Länder gleichzeitig erzielen. Die Spannungen zwischen den Staaten würden deutlich wachsen, und der Protektionismus – ohnehin schon vor Corona auf dem Vormarsch – würde deutlich zunehmen und das Wachstum zusätzlich dämpfen.
- Vermögensabgaben sind – wie bereits diskutiert – eine weitere Möglichkeit. Sie sind aber nur bedingt populär und haben eine sehr unterschiedliche Tradition in den verschiedenen Ländern. In Systemen, die eine Umverteilung zwischen Staaten erfordern, wie in der EU oder einem einheitlichen Währungsraum wie der Eurozone, ist dieser Weg nicht der richtige, solange er nicht einheitlich eingeschlagen wird. Das halte ich für undenkbar und deshalb diesen Weg für ungeeignet.

Deshalb wird die monetäre Lösung der Probleme kommen. In der Eurozone bin ich zuversichtlich, dass ein Weg gefunden wird, die eigentlich verbotene Finanzierung der Staaten durch die EZB zu organisieren, allen Protesten – vor allem in Deutschland – zum Trotz. Die Bundesregierung wird diesen Weg mitgehen – wie auch schon im Zuge der Maßnahmen zur Rettung des Euro in den letzten zehn Jahren. Es muss nur ein Weg gefunden werden, wie man diese Lösung geschickt verpackt. Im Kapitel *Coronomics für Deutschland* zeige ich auf, wie dies organisiert werden könnte.

Im Umfeld des Corona-Schocks und angesichts der demografischen Entwicklung dürften die Inflationsgefahren zunächst gering sein. Die Betonung liegt auf zunächst.

Damit nicht genug

Ende März 2020 erschien eine interessante Studie der US-Notenbank-Zweigstelle von San Francisco. Darin werden die wirtschaftlichen Folgen zwölf vergangener Epidemien untersucht.[15] Darunter so berühmte Episoden wie die Pest, die Spanische Grippe und die H1N1-Grippe von 2009. In allen Fällen kam es zu einem nachhaltigen Anstieg der Reallöhne. Obwohl die Regierungen manchmal versuchten, den Lohnanstieg zu bremsen, war das Ergebnis in jedem Fall eindeutig. Bezogen auf heute würde dies bedeuten, dass der jahrzehntelange Trend zu geringeren Lohnquoten sich umkehrt. Dies war angesichts der Alterung der Gesellschaft und der je nach Region schrumpfenden bzw. geringer wachsenden Erwerbsbevölkerung absehbar. Die Corona-Krise dürfte den Trend beschleunigen.

Steigende Löhne sprechen für tendenziell steigende Preise und damit höhere Inflation.

Andererseits zeigen empirische Daten auch, dass sich Epidemien deutlich von Kriegen unterscheiden. Nach Kriegen wächst die Wirtschaft stärker, weil die Schäden repariert werden und die Stimmung – zumindest bei den Siegern – gut ist. Nach der Epidemie ist das nicht so. Die wirtschaftliche Basis ist nicht zerstört: Maschinen, Fabriken, Immobilien stehen noch. Zwar mag es auch eine positive Stimmung geben, aber das ist nicht ausgemacht.

Deshalb wird die Politik nicht darum herumkommen, Programme zu lancieren, um das Wachstum zu beleben. Ideales Thema ist der Kampf gegen den Klimawandel. Schon vor Corona hatte die EZB signalisiert, dass das auch für die Notenbank ein wichtiges Thema sei. Die 1000 Milliarden Euro, die von Kommissionspräsidentin Ursula von der Leyen für den Green Deal in den Raum gestellt wurden, sind nichts, verglichen mit den Billionen, die der Kampf gegen das Virus kosten wird. Deshalb wird eine breite Allianz auf europäischer Ebene dafür eintreten.

Damit kommt perspektivisch die Inflation zurück. Weshalb auf einmal? Die Geldpolitik der letzten Jahre hat doch nicht zu Inflation geführt. Wieso soll nun die Finanzierung der Notprogramme der Regierungen gegen den Wirtschaftsschock zu Inflation führen?

Der entscheidende Unterschied ist, dass beim Thema Klimawandel nicht nur Geld zur Verfügung gestellt wird, sondern echte Zusatznachfrage in der Realwirtschaft entsteht:

- Die Abkehr von fossilen Brennstoffen führt zu einer Entwertung vorhandenen Vermögens bei Unternehmen und Privaten: Ölraffinerien, Automobilhersteller, Autofahrer, Ölheizungsnutzer, Immobilienbesitzer – sie alle stehen vor einer deutlichen Reduktion ihres Vermögens. Jede Politik, die den Ausstoß von CO_2 bestraft, führt ökonomisch zu einer Minderung des Vermögens bei denjenigen, die CO_2 verursachen.
- Daraus erwächst der Zwang zu neuen Investitionen: Ladestationen statt Tankstellen, Elektroautos statt Verbrennungsmotoren, Wärmepumpe und Solar- statt Ölheizung …
- Worauf der Staat mit entsprechender Förderung reagiert: direkte Investitionen, Subventionierung neuer Technologien, Forschungsförderung. Angesichts des enormen Umbaus sprechen wir hier von Beträgen in Billionenhöhe. So rechnet der BDI mit Kosten von 1,5 bis 2,3 Billionen Euro allein für Deutschland und unter der Annahme, dass alle Investitionen effizient durchgeführt werden.[16]

Ähnlich wie durch Krieg werden vorhandene Vermögenswerte entwertet und müssen durch neue ersetzt werden. Diese zusätzliche Nachfrage trifft auf eine Wirtschaft, die aufgrund der demografischen Entwicklung strukturell vor einer Angebotsverknappung steht.

Deshalb ist die Erwartung steigender Inflation nicht von der Hand zu weisen. Wie nach dem Zweiten Weltkrieg werden die Notenbanken die Zinsen möglichst lange möglichst gering halten, um so über »finanzielle Repression« eine Entwertung der Schuldenlast zu erreichen. Damit steigt die Inflation zusätzlich an.

Neustart mit neuen Regeln

Wir stehen somit vor einer Zeitenwende. Hinter uns liegen mehrere Jahrzehnte sinkender Inflation. Jahre sinkender Zinsen und steigender Schulden. Die Corona-Krise beschleunigt nun das ohnehin zu erwartende Endspiel hin zur großen Schuldenmonetarisierung und letztlich zu einer Rückkehr der Inflation. Noch im Januar 2020 erschienen Artikel, die prognostizierten, dass die Zinsen weltweit in wenigen Jahren negativ sein würden.[17] Ein klassisches Beispiel für die Neigung des Menschen, Trends fortzuschreiben.

Die Studie, auf der diese Artikel basierten, analysiert die Zinsentwicklung der letzten 700 Jahre. Darin stellt der Harvard-Forscher Paul Schmelzing fest, dass wir es in der Tat seit 500 Jahren mit einem Trend rückläufiger Realzinsen zu tun haben.

Was er aber auch herausgefunden hat, wurde in den Medien weniger häufig thematisiert. Immer wieder gab es in diesen Jahrhunderten abrupte Trendwenden. Im Durchschnitt stiegen die Zinsen dann innerhalb von nur 24 Monaten um 3,1 Prozentpunkte an, in zwei Fällen legten sie sogar um mehr als sechs Prozentpunkte zu.[18] Statt beispielsweise zwei Prozent waren dann also acht Prozent Zinsen fällig. Auslöser für die Zinswenden waren geopolitische Ereignisse und Katastrophen wie der Dreißigjährige Krieg, der Zweite Weltkrieg oder die Pest. Heute also Corona?

Deutschland vor der Corona-Krise

Deutschland zeigt sich geschlossen im Kampf gegen das Virus und dessen wirtschaftliche Konsequenzen. Dieser Konsens dürfte, wie im Kapitel *Wer zumacht, muss auch wieder aufmachen* bereits dargestellt, nicht ewig andauern. Insofern besteht die Gefahr, dass die Probleme, die schon vor der Pandemie die Agenda bestimmten, verstärkt um den Schock des wirtschaftlichen Einbruchs, wieder hervorbrechen. Eine geschickte Politik könnte das Momentum des Krisenmanagements nutzen, um längst überfällige Themen entschlossen anzupacken. Voraussetzung wäre jedoch, dass die Politik sich das auch traut, wofür allerdings Führungsstärke und politische Risikobereitschaft vonnöten sind.

Blicken wir zunächst auf die Stimmungslage im Sommer 2019 zurück. Nach zehn Jahren des Aufschwungs – trotz Rekordbeschäftigung, steigender Einkommen und sprudelnder Steuereinnahmen – dominierte in den Umfragenein Gefühl der Unzufriedenheit.

Es rumort in Deutschland

Die »Generation Mitte«, also die 30- bis 59-Jährigen, beklagten in einer Umfrage des Instituts für Demoskopie Allensbach eine Verschlechterung der Lebensbedingungen.[1] 51 Prozent der Befragten sahen dabei einen Niedergang in allen Lebensbereichen: steigende Aggressivität im Alltag, abnehmenden gesellschaftlichen Zusammenhalt, zunehmende Fremdenfeindlichkeit und einen immer weiter gehenden sozialen Zerfall. Nur 16 Prozent der Befragten gaben an, eine Verbesserung der Verhältnisse wahrzunehmen (siehe Abbildung 12).

Frage: „Was verändert sich Ihrem Eindruck nach in unserer Gesellschaft zurzeit vor allem, was würden Sie da alles nennen?"

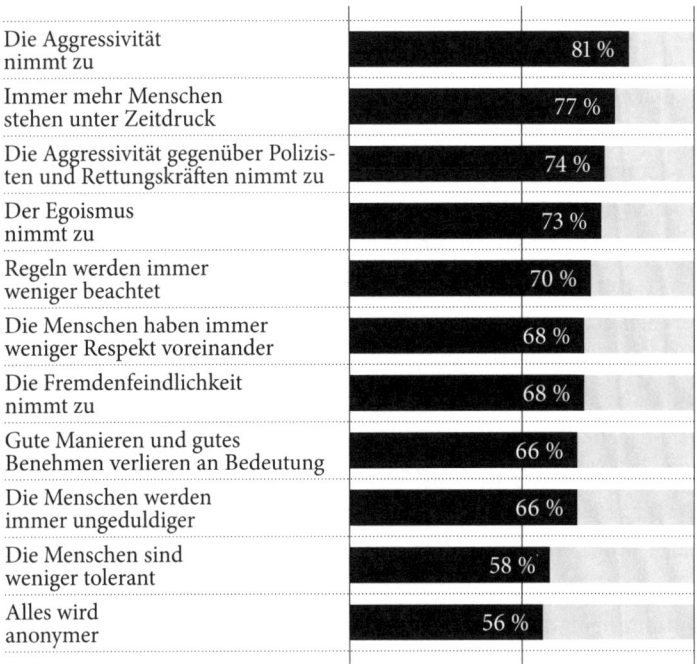

Abb. 12: Dokument gesellschaftlichen Niedergangs

Quelle: Institut für Demoskopie Allensbach, 2019

Dabei handelte es sich nicht um diffuse Eindrücke, geprägt von den Medien und deren zum Teil dramatisierten Darstellungen. Es war auch nicht die Folge von »Filterblasen« in sozialen Medien, in denen sich immer mehr Menschen befinden.[2] Es war die Folge direkter Erfahrungen der Menschen im Alltag. Die Befragten gaben an, im öffentlichen Raum (Straßenverkehr, öffentliche Verkehrsmittel und Plätze, Schulen) und im Internet persönlich Aggressivität erlebt zu haben.

Immerhin zwei Drittel der Befragten bemängelten zudem einen abnehmenden gesellschaftlichen Zusammenhalt in den letzten zehn Jahren und halten ihn für »sehr schwach« (10 Prozent) oder »eher schwach« (57 Prozent).

Angesichts dieser Ergebnisse könnte man mit den Schultern zucken und sagen, dass wir es nun mal mit einem gesellschaftlichen Wandel zu tun haben, der normal ist und immer zu entsprechender Unzufriedenheit führt. Man könnte aber auch folgern, dass sich das gesellschaftliche Klima verändert, was ein düsteres Licht auf die kommende Entwicklung wirft und ein entschiedenes Gegensteuern erforderlich macht. Niemand sollte sich damit abfinden, dass unsere Gesellschaft zunehmend als aggressiver, intoleranter und gespalten empfunden wird. Finden wir uns damit ab, so wird es uns in 20 Jahren nicht besser als heute, sondern deutlich schlechter gehen. Und zwar in jeder Hinsicht.

Ebenfalls bedenklich erscheint, dass 41 Prozent der Befragten ein Abrutschen der Wirtschaft befürchteten, noch weit vor dem Corona-Schock. Dabei waren die Menschen mit höherer Bildung und Einkommen skeptischer, was die Aussichten der Wirtschaft betrifft, als der Rest der Bevölkerung. Auch hier lohnt sich ein Blick auf die Gründe, die die Befragten für ihre Skepsis anführen (siehe Abbildung 13).

Die »Top Ten«-Risiken nach Ansicht der Befragten sollten nicht überraschen, spiegeln sie schließlich die Themen wider, die auch die öffentliche Diskussion prägten. Andererseits verblüfft die Liste dann doch, denn sie ist von einem erstaunlichen Realismus gekennzeichnet. Die Deutschen sehen die Gefahr für den künftigen Wohlstand sehr klar. Wir können die Antworten nämlich in Gruppen zusammenfassen:

- Demografische Entwicklung und Fachkräftemangel stehen für steigende Belastungen der alternden Gesellschaft. Beide Faktoren

*Das sind nach Einschätzung der Generation Mitte große
Risiken für die deutsche Wirtschaft – Top 10 der Umfrage*

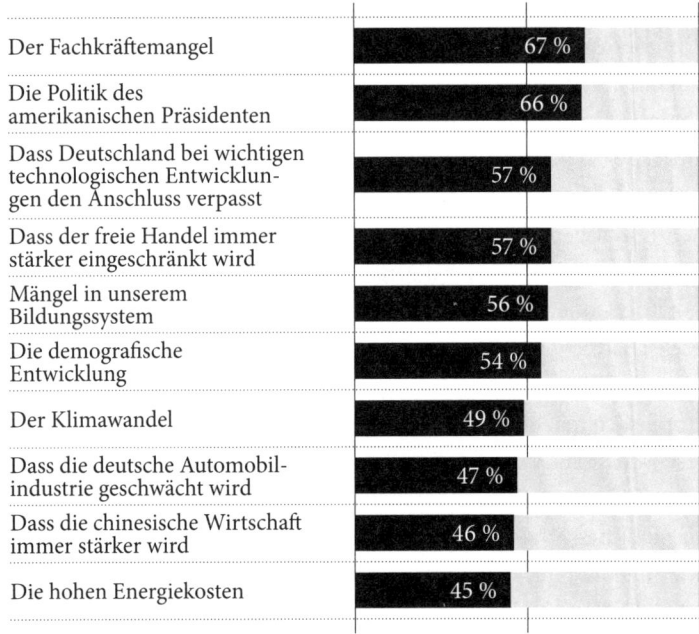

Abb. 13: Realistischer Blick auf die Risiken

Quelle: Institut für Demoskopie Allensbach, 2019

zeigen die Herausforderung, bei schrumpfender Erwerbsbevölkerung den Wohlstand zu sichern – nicht zuletzt, um den Sozialstaat finanzierbar zu halten.

- Die offensichtlichen Mängel des Bildungssystems verschärfen das
demografische Problem. Denn sie erschweren den Weg zu höherer Produktivität, dem entscheidenden Schlüssel, um trotz
schrumpfender Bevölkerung den Wohlstand zu bewahren.

- Dass wichtige technologische Entwicklungen verpasst werden,
ist nirgends so schmerzvoll zu beobachten wie in der deutschen
Automobilindustrie. Die Bürger ahnen, dass hier ein dramati-
scher Niedergang droht und Deutschland eine weitere Schlüs-

selindustrie, in der es jahrzehntelang dominant war, zu verlieren droht.

- Die hohen Energiekosten werden als weiteres Risiko angesehen. Zu Recht, denn Deutschland hat die höchsten Preise für Energie in Europa und mit die höchsten Preise weltweit.

Während wir es bei den bisher genannten Faktoren selbst in der Hand haben, unser Schicksal zu ändern, hängen wir bei den anderen Risikofaktoren vom Ausland ab. Dies gilt für die Einschränkungen des freien Welthandels (dazu zählt auch der Aspekt der Politik des US-Präsidenten Donald Trump) ebenso wie für die mit dem Klimawandel verbundenen Risiken. Zum direkten Risiko wird der Klimawandel eher durch die Schlussfolgerungen, die unsere Politik und Gesellschaft aus ihm ziehen. Entscheidend ist aus meiner Sicht, dass sich durch die Corona-Krise an diesen Faktoren nichts ändert. Wenn überhaupt, wird der Druck zunehmen, sind doch alle Länder daran interessiert, die eigene Wirtschaft voranzubringen. Damit nimmt der Wettbewerb an Intensität zu.

Wie richtig die Bürger mit ihrer Einschätzung der wirtschaftlichen Aussichten liegen, zeigte sich bereits 2019. Unsere Industrie verzeichnete einen deutlichen Rückgang, und es hat nicht viel gefehlt und Deutschland wäre in eine Rezession geschlittert. Verhindert wurde dies nur durch die nach wie vor gute Bau- und Konsumkonjunktur, die ihrerseits durch das billige Geld der EZB und eine Zwischenerholung der Weltwirtschaft ermöglicht wurde, nachdem die Notenbanken in China und den USA die Geldpolitik erneut gelockert hatten.

Dass es unter der scheinbar ruhigen Oberfläche rumort und die Bürger ein gutes Gespür für die Entwicklung haben, zeigt auch eine Studie der Commerzbank vom Januar 2020.[3] Ihr zufolge sank der Anteil der Industrie an der Wertschöpfung bereits seit 2016 von 23 auf nur noch 21,5 Prozent, den tiefsten Stand seit der Finanzkrise. Da diese Entwicklung nur bei uns stattfindet und die Industrie in den anderen Ländern des Euroraums nicht schrumpft, spricht vieles dafür, dass es sich um ein hausgemachtes Problem handelt. Der

»kranke Mann Europas«, der wenig schmeichelhafte Titel für Deutschland Anfang der 2000er-Jahre, scheint zurückzukehren.

Besonders ausgeprägt war der Rückgang in der deutschen Automobilindustrie. Gegenüber 2015 ist die Produktion im Inland um 10 Prozent gesunken, während sie an anderen Standorten in Europa und der Welt wuchs. Die Unternehmen stimmen, wie man so schön sagt, »mit den Füßen ab« und verlagern Geschäft ins Ausland. Wäre der Standort Deutschland gesund, so gäbe es keinen Grund, dies zu tun. Die Ursachen sind vielfältig: hohe Steuer- und Abgabenbelastung, immer weiter steigende Energiepreise bei gleichzeitig absehbarer Unsicherheit der Energieversorgung, verfallende Infrastruktur und die von den Bürgern völlig richtig wahrgenommenen Probleme bei Demografie, Bildung und Innovationsfähigkeit.

Überforderte Politik?

Angesichts der Stimmungslage in der Bevölkerung und der zunehmenden Polarisierung der Gesellschaft wäre es ein Leichtes, der Politik die Schuld zu geben. Natürlich waren es wichtige politische Entscheidungen, die in erheblichem Maße zu dieser Entwicklung beitrugen. Doch fielen diese Entscheidungen keineswegs zufällig. Sie waren und sind immer im Kontext der gesellschaftlichen Stimmung zu sehen. Denn Politiker haben vor allem ein Ziel: (wieder-) gewählt zu werden. Also wird so gehandelt, wie man glaubt, die Bürger für die eigene Partei und Person mobilisieren zu können. Wie gut das funktioniert, hängt dann vor allem davon ab, wie gut die Bürger verstehen, worum es geht.

Und vieles spricht dafür, dass die Deutschen ihr Verständnis politischer Zusammenhänge massiv überschätzen. Aktuelle Studien dazu finden sich im Unterschied zu anderen Ländern keine, sodass ich auf eine im Jahr 2011 vom Bayerischen Rundfunk in Auftrag gegebene Studie zurückgreifen muss.

Dort heißt es: »Die Ergebnisse sind frappierend: So wusste nur ein Drittel der Teilnehmer, dass die Deutsche Bank ein privates und kein staatliches Geldinstitut ist. Nur die Hälfte hatte eine Ahnung davon, wie groß in etwa der Bevölkerungsanteil mit Migrationshintergrund ist (damals ca. 20 Prozent), dass das ökonomische System der DDR Planwirtschaft hieß, wie viele Mitgliedsstaaten die EU hat (damals 27), was es mit dem sozialpolitischen Instrument der Elternzeit auf sich hat, dass die Bundesrepublik 1949 gegründet wurde oder dass Ratingagenturen die Zahlungsfähigkeit von Unternehmen und Staaten bewerten.«[4] Man muss bei diesen Aussagen im Hinterkopf haben, dass damals angesichts der Schuldenkrise in Europa Ratingagenturen in den Medien häufig angesprochen wurden und auch das Elterngeld in der öffentlichen Diskussion war. Anders als beim Gründungsdatum der Bundesrepublik also Themen, die man durchaus bei normaler Nutzung der Medien »mitbekommen sollte«.

»Im Durchschnitt erzielten die Befragten die Gesamtnote 3,9 – ausreichend, mehr nicht. Nur zwölf Prozent schafften ein Gut oder Sehr gut. 29 Prozent wussten so wenig, dass sie mit den Noten Fünf oder Sechs bewertet wurden.«

Nicht genug, dass das Wissen der Bürger dürftig war, es stand auch noch in einem eklatanten Widerspruch zur Selbstwahrnehmung: »Immerhin 60 Prozent glaubten, sie könnten ›wichtige politische Zusammenhänge gut verstehen und einschätzen‹. Von denjenigen mit der Note Fünf glaubte fast ein Drittel, ›recht viel über Politik und aktuelle politische Ereignisse‹ zu wissen. Selbst unter den Totalausfällen (Note Sechs) meinte noch ein Fünftel, ganz gut Bescheid zu wissen. Ignoranz und Selbstüberschätzung sind offenkundig weit verbreitet.«[5]

Die Bürger haben demzufolge nur ein unzureichendes Verständnis von Politik und politischen Zusammenhängen, paaren dies aber mit der Überzeugung, im Thema zu sein. Das macht es der Politik schwer und leicht zugleich. Schwer, weil es gerade bei komplizierteren Zusammenhängen oftmals die leichte Lösung nicht gibt und deshalb ein enormer Kommunikationsaufwand nötig wäre, um die Bürger zu erreichen und aufzuklären. Leicht, weil die Aussagen von Politikern zu wenig hinterfragt werden und deshalb die Politiker mit bestimmten Aussagen durchkommen.

Nehmen wir als offenkundiges Beispiel die Äußerungen des damaligen Justizministers Heiko Maas 2016 in der Talkshow von Maybrit Illner. Mit Blick auf die Kosten der Aufnahme von Flüchtlingen meinte er: »Die Milliarden für die Integration wurden in diesem Land erwirtschaftet und wurden niemanden weggenommen.« Vermutlich dürfte ein Großteil der Zuschauer aus der persönlichen Erfahrung heraus, dass sich nichts geändert hat, Maas an dieser Stelle zugestimmt haben. Die Aussage blieb unwidersprochen, obwohl natürlich immer eine Verteilungswirkung eintritt. Wenn Mittel für einen bestimmten Zweck ausgegeben werden, fehlen sie an anderer Stelle. Sei es für Investitionen, höhere Sozialleistungen, Schuldentilgung oder aber zur Senkung von Steuern und Abgaben.

Wir machen es der Politik also leicht, bestimmte Aussagen zu treffen, weil wir uns nicht die Mühe machen, die Zusammenhänge zu hinterfragen. Vor allem – und auch diese These dürfte nicht überraschen – mögen wir keine schlechten Nachrichten. Schlechte Nachrichten sind jene, die zu einer Verschlechterung der eigenen Lebenssituation führen könnten. Reformen gehören dazu, aber auch viele der Themen, die in den letzten eineinhalb Jahrzehnten die politische Agenda bestimmt haben.

Lange Liste unangenehmer Themen

Was haben wir nicht alles in den vergangenen 15 Jahren erlebt!

Da war zunächst die Finanzkrise, direkt gefolgt von der Eurokrise. Beide Krisen waren die Folge einer zu hohen Verschuldung im Privatsektor und führten das Finanzsystem an den Rand des Kollapses. Der Politik, namentlich auch der deutschen, blieb keine andere

Wahl, als das Finanzsystem zu retten. Dies bedeutete direkte Finanzhilfen für angeschlagene Banken bis hin zur Verstaatlichung und damit die Mobilisierung von Steuergeldern in erheblichem Umfang. Aus der Sicht der Bürger – vor allem jener, die sich mit den Zusammenhängen im Finanzsystem eher wenig auskennen, was für die Mehrzahl der Deutschen zutreffend sein dürfte –, musste es so aussehen, dass mit der Politik vor allem die Reichen geschützt wurden.

Dass es in Wahrheit um unser aller Ersparnisse ging, wurde zwar vonseiten der Politik betont, wirkte aber nicht selten wie eine Schutzbehauptung. Der – durchaus begründet – fade Beigeschmack blieb, nämlich dass Spekulanten vom Staat gerettet wurden und wir in einer Welt leben, in der Gewinne privatisiert und Verluste sozialisiert werden. Dem hätte die Politik durch eine glaubwürdige und härtere Regulierung des Finanzsektors entgegentreten können und müssen. Sie hat diese Chance nur unzureichend genutzt. Gerade auf der Ebene der Europäischen Union zeigt sich am immer noch schlechten Zustand des Bankensystems, wie falsch eine Politik des Leugnens und des Spielens auf Zeit war und ist. Im Gegensatz dazu haben die USA unter Präsident Barack Obama die Banken zwangsweise rekapitalisiert und damit die Grundlage für eine rasche Genesung gelegt.

Die Eurokrise – eine Folge zu hoher privater Schulden in Spanien, Portugal und Irland und zu hoher Staatsschulden in Griechenland – hat das Vertrauen in die Politik weiter erschüttert. Entgegen des bei der Einführung des Euro abgegebenen Versprechens, dass es zu keiner finanziellen Unterstützung für andere Mitgliedsländer komme, war genau dies die Folge der Rettungspakete. Für die Politik war die Eurokrise so oder so kein Gewinnerthema. In der Bevölkerung war es höchst unpopulär, entsprechende Hilfen zu leisten, doch war und ist die Alternative eines ungeordneten Zerfalls der Eurozone mit derart erheblichen Verlusten verbunden, dass niemand gewillt ist, das Risiko einzugehen.

So war es der Politik hierzulande nur allzu recht, dass sie sich hinter der EZB unter der Führung Mario Draghis verstecken konnte, der mit dem Versprechen, »alles Erdenkliche zu tun«, das von milliardenschweren Kaufprogrammen für Staatsanleihen begleitet wurde, die Eurozone letztlich stabilisierte. Damit verbunden war ein weiterer deutlicher Rückgang des Zinsniveaus, was bis heute gerade in Deutschland zu einer erheblichen Belastung der Sparer führt, weil die Deutschen eine Vorliebe für Bankkonto, Sparbuch und Lebensversicherung haben. Da mögen Ökonomen noch so sehr betonen, dass es weitere Gründe für den Rückgang des weltweiten Zinsniveaus gibt und dass nur dank der EZB eine schwere Rezession verhindert wurde. Für die Bürger bleibt der Eindruck, mit Nullzinsen für eine verfehlte Politik bestraft zu werden.[6]

Das Unglück von Fukushima, ausgelöst durch einen Tsunami, war das nächste politische Großereignis. Aus Angst vor der Stimmung der Wähler und in der Hoffnung, die Wahlen in Baden-Württemberg doch noch gewinnen zu können, beschloss die Regierung Merkel in einer atemberaubenden Kehrtwende, die kurz zuvor festgesetzte Laufzeitverlängerung für Atomkraftwerke nicht nur rückgängig zu machen, sondern die Laufzeiten noch zu verkürzen. Hierin liegt eine der wesentlichen Ursachen dafür, dass wir nun, fast zehn Jahre später, die Ziele zur CO_2-Reduktion verfehlen, trotz Rekordförderung für erneuerbare Energien und den höchsten Strompreisen Europas. Ein besseres Beispiel für eine populistische, nur an kurzfristigen Stimmungen der Bürger ausgerichtete Politik ist schwer zu finden.

Letztlich fällt auch die Entscheidung des Sommers 2015 zur Grenzöffnung für Migranten in diese Kategorie. Nachdem die Politik sich jahrelang nicht um die Probleme der Mittelmeer-Anrainerstaaten gekümmert hatte, wurde nun über Nacht eine weitere 180-Grad-Wende vollzogen und eine Zuwanderung zugelassen, die in ihrer Dimension einmalig war. Vieles spricht dafür, dass auch hierbei die Angst vor der öffentlichen Meinung essenziell für die Entscheidungsfindung war.[7]

Ein Muster ist nicht zu leugnen: Aus Angst vor unzufriedenen Bürgern wurden Entscheidungen getroffen, deren langfristige Konsequenzen wir erst in Jahren oder Jahrzehnten werden voll erfassen können. Es wurden Probleme verdrängt und unterdrückt, statt sie zu lösen, und es wurde immer mehr auf Zeit gespielt, in der Hoffnung, ein Wunder würde geschehen und die Probleme würden sich von selbst lösen oder aber – wahrscheinlicher – man könne sie dem Nachfolger hinterlassen. Die Politik als Getriebene der öffentlichen Meinung, unwillig und unfähig, sich dieser mit Blick auf die mittel- und langfristigen Folgen entgegenzustellen.

Symbolpolitik statt Ursachenbekämpfung

Hinzu kommt, dass die Politik nicht für alle Probleme eine einfache und wirkungsvolle Lösung bieten kann. Am Beispiel der Eurokrise lässt sich das gut illustrieren. Jede dauerhafte Sanierung der Eurozone muss auf einer Kombination unbequemer Maßnahmen basieren: der Restrukturierung untragbarer Schulden, der Neuordnung der Euromitglieder und der Bereitschaft zu einer gemeinsamen Fiskalpolitik und einer Risikoteilung. Ich selbst habe immer wieder ausführlich erklärt, dass selbst bei einer Umsetzung aller Maßnahmen nicht sicher davon ausgegangen werden kann, dass der Euro wirklich auf Dauer überlebt.[8] Zu verschieden sind die Mitgliedsländer, zu unterschiedlich die wirtschaftliche Entwicklung. Das Ziel ist, den Eindruck zu vermitteln, »etwas zu tun«, und dank der Schützenhilfe der EZB vordergründig erfolgreich zu sein.

Ähnlich ist es beim Thema Wohnen. Nicht zuletzt aufgrund des billigen Geldes der EZB erlebte Deutschland einen kleinen Boom im Immobilienmarkt. »Klein« deshalb, weil trotz des jüngsten Preisanstiegs im internationalen Vergleich die Preise noch recht günstig sind. Zugleich haben wir einen ungebremsten Zuzug in die Ballungsräume und eine anhaltende Zuwanderung aus dem Ausland. In einem solchen Umfeld müssen die Mieten steigen, wenn nicht ausreichend für eine Angebotsausweitung gesorgt wird. Nachdem

Letzteres nicht im erforderlichen Umfang erfolgt ist, bleibt der Politik keine andere Wahl, als mit anderen Instrumenten in den Wohnungsmarkt einzugreifen. Die angewandten Instrumentarien – zunächst Mietpreisbremse, dann Mietendeckel – treffen auf Zustimmung in der Bevölkerung. Aber nur so lange, bis deutlich wird, dass sie letztlich nichts bewirken.

Dann werden die Eingriffe als Symbolpolitik wahrgenommen – als Handlungen um des Handelns, nicht um des Ergebnisses willen. Und die Liste der Symbolpolitik wird immer länger: Forderungen nach einem Schutz der europäischen Außengrenzen werden erhoben und nicht umgesetzt. Eine europäische Lösung für die Verteilung von Migranten wird gefordert und nicht realisiert. Die Energiewende wird seit Jahren exekutiert, ohne den CO_2-Ausstoß zu reduzieren. Bildung wird im Wahlkampf groß plakatiert, ohne dass sich danach irgendetwas zum Besseren ändert.

Das ist das gesellschaftliche Klima, das in Großbritannien zum Brexit und in den USA zur Wahl Donald Trumps beitrug. Studien zeigen, dass der soziale Zusammenhalt in der westlichen Welt besonders dort gelitten hat, wo die Einkommen der Bürger hinter den steigenden Kosten für Wohnraum, Gesundheitsversorgung und Bildung zurückgeblieben sind.[9] Dies ist in Deutschland (noch) nicht der Fall, aber die Unzufriedenheit wächst. Je mehr sich die Politik scheut, Probleme grundlegend anzugehen, und je stärker sie dazu neigt, Konflikte mit der öffentlichen Meinung zu vermeiden, desto größer ist die Gefahr, dass auch bei uns Polarisierung und Radikalisierung zunehmen.

Neues Denken ist erforderlich

In dieses Umfeld platzte das Corona-Virus. Eine weitere Krise, in der die politische Führung aufblüht und die Chance sieht, an Zuspruch zu gewinnen. Und in der Tat zeigten die ersten Umfragen einen steigenden Zuspruch für die Union. Die Maßnahmen dokumentierten Handlungsbereitschaft und Entschlossenheit. Auch wenn ich – wie dargelegt – eine andere Strategie der Rettungspolitik verfolgt hätte, sind die Maßnahmen geeignet, eine schwere Rezession abzuwenden.

Mehr Sorge macht mir die Zeit danach. Denn eine Rückkehr zu den politischen Themen und Spielen aus der Zeit vor Corona wäre ein fataler Fehler. Neues Denken ist erforderlich, um die Krise der Gesellschaft zu überwinden. Wir haben die zehn Jahre von der Finanzkrise bis Ende 2019 nicht genutzt, um Deutschland für die Zukunft fit zu machen. Wir brauchen ein Programm, das die Widerstandsfähigkeit von Wirtschaft und Gesellschaft stärkt und die Grundlagen für künftigen Wohlstand sichert. Noch können wir das gesellschaftliche Momentum des aktuellen Krisenmanagements dazu nutzen.

Deutschland hat die guten Jahre nicht genutzt

Der Corona-Schock gibt den entscheidenden Anstoß zur Lösung der seit Jahren immer größer werdenden Probleme von EU, Euro und weltweiter Überschuldung. Der Umbruch, der uns bevorsteht, ist tiefgreifend und wird – auch da müssen wir realistisch sein – überwiegend auf weltweiter Ebene definiert. Die Finanzordnung wird durch die USA und die EU neu geformt werden. Deutschland muss dabei konsequent seinen Beitrag leisten, die eigenen Interessen vertreten und vor allem die richtigen Schlüsse ziehen. Nicht alles, was bei uns für vernünftig gehalten wird, ist im Kontext der fundamentalen Umbrüche auch tatsächlich vernünftig. Ich denke zum Beispiel daran, dass es nicht intelligent ist zu sparen, wenn die Welt auf die Monetarisierung der Schulden setzt. In einem solchen Umfeld ist der Gläubiger der Dumme.

Die Krise als Chance für gesellschaftsverändernde Projekte?

Schon jetzt ist offensichtlich, dass die Corona-Krise von vielen als die Möglichkeit gesehen wird, gesellschaftsverändernde Projekte, die in der Vorkrisenzeit keine oder nur eine geringe Chance auf Verwirklichung hatten, zu realisieren. Besonders kapitalismuskritische

Stimmen begründen ein Gesellschaftsmodell mit mehr staatlichem Einfluss, mehr Umverteilung und weniger Markt mit einem angeblichen „Marktversagen" bei der Bewältigung von COVID-19. Dazu gehören Überlegungen zu einer höheren Besteuerung für »Reiche« und »Besserverdiener«, deren Sinnhaftigkeit bereits in dem Kapitel *Wer soll das bezahlen?* hinterfragt wurde, bis hin zu der Forderung eines bedingungslosen Grundeinkommens. Rufe nach mehr »Sozialismus«, die bereits vor Corona immer lauter wurden, kommen jetzt verstärkt.

Dabei ist die deutsche Wirtschaftsverfassung keineswegs wie behauptet »neoliberal« oder gar »marktradikal«. Im Unterschied zu Ländern wie den USA haben wir einen sehr gut ausgebauten Sozialstaat, der so viel Geld in die Hand nimmt wie noch nie. Schon 2019 war der Aufwand für Soziales relativ zum Bruttoinlandsprodukt der höchste in der Geschichte der Bundesrepublik außerhalb von Rezessionszeiten. Deshalb sind nach Umverteilung die Einkommen hier ausgesprochen gleich verteilt. Der Anteil der Staatsausgaben am Bruttoinlandsprodukt ist ebenfalls stabil und liegt nur geringfügig unter dem Niveau der 1990er-Jahre, vor allem deshalb, weil weniger investiert wird und die Zinsausgaben deutlich gesunken sind.

Ein Defizit haben wir objektiv gesehen in Bezug auf eine Politik der Wohlstandssicherung für die Zukunft. Der Staat hat zu wenig investiert und damit unsere Grundlagen für künftigen Wohlstand eher geschwächt als gestärkt. Dies hat aber weniger mit einem Mangel an Geld oder gar zu geringen Steuereinnahmen zu tun, sondern mehr mit der Präferenz der Politik, die Mittel für soziale Leistungen auszugeben, statt zu investieren.

Wie erwähnt, hat das sehr viel mit der politischen Stimmung im Land zu tun. Wir Bürger haben mehrheitlich auf diese Politik gesetzt, zum einen, weil viele von diesen Leistungen profitieren, zum anderen, weil das Verständnis für wirtschaftliche Zusammenhänge bis weit in gebildete Kreise hinein eher gering ist. Es ist ein Thema, das fatalerweise viele schlichtweg nicht interessiert.

Deshalb besteht die realistische Gefahr, dass jene, die sich einen Staat mit noch mehr Umverteilung und Konsum wünschen, Gehör finden und die Gelegenheit dazu nutzen, dieses Land und die Gesellschaft nachhaltig in ihrem Sinne zu verändern. Das wäre verhängnisvoll. Denn eigentlich benötigen wir in Deutschland einen radikalen Neustart und müssen liebgewonnene Themen anders betrachten.

Der Corona-Schock zeigt, wozu wir als Gesellschaft fähig sind. Wir können offensichtlich in der Krise handeln. Jetzt ist der Zeitpunkt für eine bessere Politik, die Tabuthemen endlich angeht. Coronomics ist deshalb die Chance für mehr Wohlstand für alle.

Zehn tolle Jahre

Wenn wir auf die wirtschaftliche Entwicklung der letzten Jahre blicken, können wir uns auf die Schulter klopfen. Keinem anderen der größeren Industrieländer erging es besser als Deutschland. Das reale Wirtschaftswachstum 2009 bis 2018 lag mit 21 Prozent über dem Durchschnitt der OECD-Länder (+20 Prozent), der EU (+15 Prozent), und der Eurozone (+13 Prozent).[1]

Kein Wunder angesichts des guten Wachstums, dass auch die Beschäftigungsentwicklung erfreulich war. Die Zahl der im Inland beschäftigten Menschen stieg von 40 842 000 im Januar 2010 auf 45 363 000 im Januar 2020 (+11 Prozent). Spiegelbildlich dazu fiel die Arbeitslosenquote auf 3,2 Prozent, lediglich Tschechien wies mit 2 Prozent eine noch geringere Arbeitslosenquote in der EU auf. Selbst in den USA lag die Arbeitslosenquote im Januar 2020 über dem deutschen Niveau. Im EU-Schnitt wurden 6,2 Prozent Arbeitslosigkeit gemessen. Besonders schlimm war es in Griechenland (16,6 Prozent), Spanien (13,7 Prozent), Italien (9,8 Prozent) und Frankreich (8,4 Prozent).

Nun könnte man angesichts dieser Zahlen die folgenden Schlüsse ziehen:

Die erfreuliche wirtschaftliche Entwicklung

- war die Folge einer guten Politik hierzulande.
- hat den Wohlstand der Deutschen gemehrt.
- ist ein guter Indikator für die Zukunft.
- wurde genutzt, um die Grundlagen für künftigen Wohlstand zu legen.

Leider stimmt keiner dieser Schlüsse, wie wir im Folgenden sehen werden.[2]

Deutschland ist in hohem Maße vom Außenhandel abhängig. Die sogenannte Außenhandelsquote, die sich aus der Summe von Exporten und Importen relativ zum BIP ergibt, ist seit 2009 von 59,7 Prozent auf heute 71,1 Prozent (2018) des BIP gewachsen.[3] Dabei stiegen die Exporte schneller als die Importe, was uns den glamourösen, aber wenig nützlichen Titel des Exportweltmeisters einbringt. Damit liegen wir an der Spitze der großen Industrieländer. Nur kleinere Länder wie die Schweiz weisen relativ zur Bevölkerung eine noch größere Abhängigkeit vom Außenhandel auf. Deshalb trifft uns jede Eintrübung der Weltkonjunktur besonders stark. Einen Vorgeschmack davon hatten wir schon im Herbst 2019, als wir nur knapp an einer Rezession vorbeikamen. Die Exportabhängigkeit zeigt aber auch, wie gefährlich ein zunehmender Protektionismus direkt und indirekt sein kann.

Besonders wichtig für unseren Exporterfolg sind die traditionellen Industrien – Kraftfahrzeuge und Kraftfahrzeugteile, Maschinen und Anlagen sowie Erzeugnisse der chemischen Industrie.[4] Das sind allesamt Industrien, in denen Deutschland schon vor über 100 Jahren eine gute Position hatte. Schwach sind wir hingegen bei den neueren Technologien. Dort sind wir auf Importe angewiesen. Dies unterstreicht bereits, dass wir uns nicht nur vom Export sehr abhängig gemacht haben, sondern auch von wenigen Schlüsselbranchen, die angesichts des technologischen Umbruchs und der Verschlechterungen der Rahmenbedingungen hierzulande vor erheblichen

Herausforderungen stehen. Prominentes Beispiel: die Automobilindustrie.

Zu den Exporterfolgen beigetragen hat nicht zuletzt die Lohnzurückhaltung seit der Einführung des Euro. Zunächst verlor Deutschland an Wettbewerbsfähigkeit und durchlebte Anfang der 2000er-Jahre eine Rezession. In der Folge kam es zu den Hartz-IV-Reformen, die letztlich zum Ziel hatten, das Lohnniveau zu senken und so an Wettbewerbsfähigkeit zu gewinnen. Mit Erfolg: Die Lohnstückkosten sind bis 2007 deutlich gesunken. Damit wurde es attraktiver, in Deutschland zu produzieren.[5] Spiegelbildlich dazu stagnierten die Reallöhne. Erst seit 2010 legen diese mit real 1,2 Prozent pro Jahr wieder zu,[6] wobei ein Teil des Lohnzuwachses von einer steigenden Steuer- und Abgabenquote aufgefressen wurde. Diese stieg von 38,4 Prozent im Jahr 2010 auf 41,4 Prozent im Jahr 2019. Der Staat nimmt den Bürgern also rund drei Prozentpunkte vom BIP mehr ab.[7]

Neben der Lohnzurückhaltung war vor allem die Geldpolitik der EZB für die gute konjunkturelle Entwicklung in Deutschland verantwortlich. Die Geldpolitik wirkt über zwei Kanäle: Zum einen stabilisieren die niedrigen Zinsen die Eurozone und damit die Nachfrage aus den anderen Mitgliedsländern. Zwar stagnieren die Exporte in die Eurozone seit Jahren, aber ohne die Eingriffe der EZB wäre es dort zu einem noch stärkeren Rückgang der Konjunktur und damit der Nachfrage nach deutschen Waren gekommen. Die größere stimulierende Wirkung auf die Exporte dürfte die deutliche Abschwächung des Euro gehabt haben. Musste man im Jahr 2010 für einen Euro noch 1,50 US-Dollar bezahlen, so näherte sich der Euro im Frühjahr 2020 der Parität. Nach Berechnungen des britischen *Economist* war der Euro damit um rund 19 Prozent unterbewertet.[8] Von einer starken Abwertung ihrer Währung profitieren naturgemäß exportstarke Nationen besonders. Einen Eindruck, wie es aussähe, wenn wir noch die Deutsche Mark hätten, gibt der Schweizer Franken, der nach den Berechnungen des *Economist* gegenüber dem US-Dollar um 18 Prozent überbewertet ist.

Die guten zehn Jahre waren folglich nicht das Ergebnis einer überlegenen Wirtschaftspolitik hierzulande. Sie waren die Folge außergewöhnlicher Faktoren, von denen wir nicht annehmen dürfen – und vor allem sollten –, dass sie noch länger Bestand haben. Im Gegenteil, schon vor dem Corona-Schock zeichneten sich Trendbrüche ab. Die Welt war immer weniger gewillt, anhaltend hohe Handelsüberschüsse zu tolerieren, entziehen wir doch auf diese Weise anderen Ländern Kaufkraft. Die Abwertung des Euro kann sich angesichts schon bestehender Negativzinsen und einer sich abzeichnenden expansiven Geldpolitik in den USA ebenfalls nicht beliebig fortsetzen lassen. Nicht zuletzt belastet der technologische Umbruch in der Automobilindustrie unsere Schlüsselbranche gravierend und dürfte ebenfalls zu einer Abschwächung der Wirtschaft beitragen.

Die Fitness nimmt ab

Der Aufschwung der letzten Jahre hat viele Schwächen übertüncht und verschärft. Trotz der guten Konjunktur hat die Wertschöpfung pro Kopf weniger stark zugelegt. Das reale Wirtschaftswachstum pro Erwerbstätigen lag 2009 bis 2018 bei 10 Prozent und damit im Durchschnitt der Eurozone und der OECD.[9]

Das kann man auf zwei Weisen deuten:

- POSITIV. Es ist uns gelungen, mehr Menschen in den Arbeitsmarkt zu integrieren – was auch die sinkenden Arbeitslosenzahlen zeigen – und damit den Wohlstand des Landes zu heben.
- NEGATIV. Wir arbeiten mehr, aber nicht ausreichend produktiv.

Das Positive ist für die Beurteilung der Vergangenheit relevant, das Negative leider für die Zukunft. Denn ganz entscheidend für die Sicherung des Wohlstands ist, dass es uns gelingt, die Produktivität pro Erwerbstätigen zu steigern, denn nur so sind angesichts einer schrumpfenden Erwerbsbevölkerung und stark wachsender Rentnerzahlen die Kosten des Sozialstaats ansatzweise zu bewältigen. Schon seit 2010 lässt sich ein Rückgang der Produktivitätsfortschritte feststellen und in einigen Schlüsselbereichen der Wirtschaft dürfte die Produktivität sogar gesunken sein. Das bedeutet, dass wir weniger Güter und Dienstleistungen mit dem gleichen Einsatz von Maschinen und Arbeit erzeugen. Eigentlich sollte es umgekehrt sein: Wir müssten jedes Jahr ein bisschen besser werden und mit gleichem Einsatz mehr erzeugen – als Basis für steigende Löhne, Gehälter, Gewinne und auch Sozialleistungen.

Konnten wir in den vergangenen Jahrzehnten noch deutliche Fortschritte erzielen, so wuchs der Output, gemessen am Arbeits- und Kapitaleinsatz, im Jahr 2019 nur noch um 0,1 Prozent. In den 1990er-Jahren lagen die jährlichen Produktivitätszuwächse bei über zwei Prozent.

Da ist es keineswegs tröstlich, dass wir nicht allein in Deutschland mit diesem Problem konfrontiert sind. Der Rückgang der Produktivitätsfortschritte ist ein Phänomen, das sich auch in den anderen Industrienationen feststellen lässt (siehe Abbildung 14).

Sowohl die Wachstumsrate der Arbeitsproduktivität (hier gemessen als BIP pro Erwerbstätigenstunde) als auch die sogenannte totalen Faktorproduktivität ist zurückgegangen. Letztere basiert im Wesentlichen auf dem technischen Fortschritt, also der Fähigkeit, aus Kapitalanlagen und menschlicher Arbeitskraft mehr zu erschaffen.

Die Wirtschaftswissenschaft rätselt über die Ursachen dieser Entwicklung. Ein Grund könnte die noch nicht ausgestandene Finanzkrise sein. Hohe Schulden, unterkapitalisierte Banken und die sich auch daraus ergebenden geringen Realzinsen tragen zu einer »Zombifizierung« der Wirtschaft bei. Unternehmen, die eigentlich nicht mehr wettbewerbsfähig sind, bleiben nur dank der günstigen Finanzierungsmöglichkeiten im Markt. Diese Unternehmen haben nicht genug Kraft für Investitionen und Innovation, erschweren aber zugleich innovativeren Unternehmen den Markteintritt.[10] In der Folge sinkt das allgemeine Produktivitätswachstum.

Veränderung zum Vorjahr in %

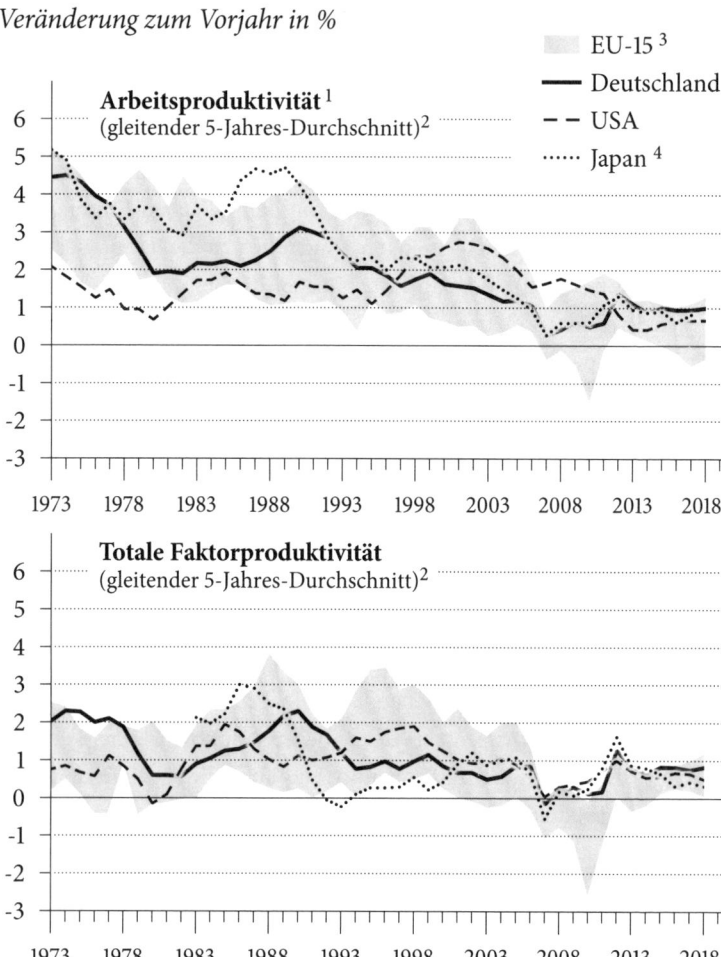

[1] BIP je Erwerbstätigenstunde [2] Für Deutschland Berechnungen des Sachverständigen-
rates, ansonsten Berechnungen der Europäischen Kommission [3] Bandbreite, ohne
höchsten und niedrigsten Wert [4] Daten nicht über den gesamten Zeitraum verfügbar

Abb. 14: Produktivitätswachstum im internationalen Vergleich

*Quelle: Sachverständigenrat der Bundesregierung, »Produktivität:
Rahmenbedingungen verbessern«,
Nationaler Produktivitätsbericht 2019,
abrufbar unter
https://www.sachverstaendigenrat-wirtschaft.de/fileadmin/dateiablage/gutachten/
jg201920/2019_Nationaler_Produktivitaetsbericht.pdf*

Dennoch müsste man doch angesichts des für uns alle sichtbaren technischen Fortschritts – ein Smartphone ersetzt heute Telefon, Computer, Kamera und vieles weitere – deutliche Produktivitätsfortschritte sehen. Schon vor der Finanzkrise stellte sich die Frage, warum wir diese Fortschritte zwar erleben, aber nicht in den volkswirtschaftlichen Zahlen wiederfinden. Die Theorien reichen von der fehlenden Messbarkeit (wir bekommen Güter »umsonst« wie beispielsweise Facebook, wo wir mit unseren Daten »bezahlen«) über Verzögerungseffekte (es dauert nur länger, bis sich der technische Fortschritt breit in der Wirtschaft bemerkbar macht)[11] bis zu den Überlegungen der Skeptiker, die sagen, dass die Innovationen nicht mehr so grundlegend sind wie die Erfindungen vor 100 Jahren und deshalb geringere Auswirkungen haben.[12]

So oder so müssen wir feststellen, dass wir unsere Fitness in den letzten Jahren trotz – oder wegen? – der guten Konjunkturlage nicht verbessert haben.

Unternehmen investieren nicht genug

In Abbildung 6 haben wir gesehen, dass die Unternehmen hierzulande zu Sparern geworden sind. In den Jahrzehnten davor haben sie immer mehr ausgegeben als eingenommen, sich also verschuldet und diese Mittel für Investitionen genutzt. Was wir erleben, ist ein Investitionsrückgang in dem Land, das in den letzten zehn Jahren ein deutlich höheres Wachstum aufwies als der Durchschnitt der OECD-Länder, von der EU und der Eurozone ganz zu schweigen. Dies verwundert, müsste man doch annehmen, dass es sich gerade dann lohnt, im Inland zu investieren, wenn es gut läuft.

Während wir uns des Exportweltmeistertitels erfreuen, wandert die Industrie bereits seit einigen Jahren ab. So sank der Anteil der Industrie an der hiesigen Wertschöpfung von 23 auf heute 21,5 Prozent seit 2016. Es ist der niedrigste Wert seit der Finanzkrise, wobei damals der heftige Einbruch der Konjunktur und damit der Produktion für die kurzfristige Entwicklung verantwortlich war.[13]

Der Unterschied zu damals: Heute haben wir es mit einer Strukturkrise zu tun, die sich nicht durch Lohnzurückhaltung korrigieren lässt. Die Ursachen sind viel weitgehender: relativ hohe Steuern, zunehmende Bürokratie, die höchsten Energiepreise Europas, angesichts der unausgegorenen Energiewende zunehmende Zweifel an der Stromversorgungssicherheit, deutlich verschlechterte Infrastruktur, ein sichtbarer Rückstand bei der Digitalisierung und zunehmende Probleme bei der Umsetzung von Investitionen und Innovationen.

In Unternehmen ist langfristiges Denken Pflicht. Deshalb ist es nicht verwunderlich, dass die Zukunft bei den heutigen Rahmenbedingungen, den Schwerpunkten der politischen Diskussion – Umverteilung, Eingriffe in Eigentumsrechte (siehe Überlegungen zur Enteignung von Immobilien in Berlin), Klimapolitik ohne Rücksicht auf die ökonomischen Folgen, um nur einige Beispiele zu nennen – und der absehbaren demografischen Entwicklung zunehmend im Ausland gesehen wird. Genau das unterstreicht auch der 22. Platz im »Ease of Doing Business Index« der Weltbank, nach Ländern wie Schweden und Finnland. Blickt man genauer auf die Daten, so sieht man, dass Deutschland nur bei zwei Punkten einen Platz unter den Top Ten belegt:[14] bei der Abwicklung von Insolvenzen und beim Zugang zu Elektrizität. In Bezug auf den zweitgenannten Punkt ist eine dramatische Verschlechterung in den kommenden Jahren zu befürchten.

Auch aus finanzieller Sicht der Unternehmen lohnt es sich weniger, in Deutschland zu investieren. So zumindest das Ergebnis einer Studie des Instituts für Weltwirtschaft in Kiel, das vorrechnet, dass die Rendite für Direktinvestitionen der Unternehmen im Ausland über jener liegt, die in Deutschland erzielbar ist.[15] Die Schlussfolgerung liegt auf der Hand: Wie erhöhen wir die Attraktivität des Standorts Deutschland für Investitionen? Letztlich muss es sich für die Unternehmen lohnen. Das hat nicht nur etwas mit Lohnniveau,

Produktivität, Steuern und Abgaben zu tun, sondern ebenso mit der Qualität der Infrastruktur und des Bildungswesens und mit der Zuverlässigkeit und den Kosten der Energieversorgung.

So müssen wir nach zehn Jahren guter Konjunktur konstatieren, dass die Fitness Deutschlands gelitten hat: Die Produktivität pro Erwerbstätigen stieg langsamer als in anderen Ländern der OECD und der EU. Die Produktivitätszuwächse sind dabei – wie auch in anderen Ländern der westlichen Welt – deutlich zurückgegangen. Die Unternehmen haben trotz guter Ertragslage lieber im Ausland als im Inland investiert und damit erheblich dazu beigetragen, dass unsere Ersparnisse ins Ausland geflossen sind. Eine gefährliche Strategie angesichts der weltweit immer höheren Verschuldung.

Hier also das Fazit des Kassensturzes, der sich noch beliebig fortsetzen ließe, allerdings ohne zu einem erfreulicheren Ergebnis zu kommen:

- Wir haben in den letzten zehn Jahren eine Illusion von Wohlstand erlebt,
- quasi als letzte Party eines Landes, das mit alten Industrien noch einmal die Vorzüge der Globalisierung in vollen Zügen nutzen konnte.
- Hinter der Fassade dieses Aufschwungs – basierend auf dem billigen Geld der EZB und dem schwachen Außenwert des Euro – verschlechterte sich die Wettbewerbsfähigkeit Deutschlands und damit unsere Fähigkeit, auch künftig wohlhabend zu sein.
- Unsere Politiker setzten derweil auf Konsum anstelle von Investitionen. Bei wichtigen Themen von Bildung bis Infrastruktur besteht ein erheblicher Investitionsstau, während die ungedeckten Versprechen zugunsten der immer älter werdenden Bevölkerung stark zugenommen haben.
- Wenn wir jetzt nicht deutlich und entschieden gegensteuern, drohen uns Jahre heftiger Verteilungskonflikte, sozialer und politischer Spannungen und relativen wirtschaftlichen Niedergangs.

Aus politischer Sicht war es in den letzten Jahren nicht attraktiv, auf Reformen zu setzen. Warum auch, wenn es doch gut läuft? Da ist es allemal besser, umzuverteilen, statt die Voraussetzungen für die Sicherung künftigen Wohlstands zu schaffen.

Nach dem Corona-Schock ist es anders. Wir werden nicht zu dem Zustand zurückkehren können, der vor der Krise herrschte. Und wir sollten es auch nicht versuchen. In einer Welt der Monetarisierung in Billionenhöhe müssen wir sicherstellen, dass die Mittel dazu genutzt werden, auch in Zukunft ein reiches Land zu sein. Was zu tun ist, ist Gegenstand des nächsten Kapitels. Wir brauchen Coronomics auch für Deutschland.

CORONOMICS für Deutschland

Wir haben es mit einer neuen Welt zu tun. Wirtschaftspolitische Maßnahmen, die noch vor wenigen Wochen undenkbar erschienen, werden inzwischen umgesetzt oder bahnen sich an. Im Kampf gegen eine Weltwirtschaftskrise historischen Ausmaßes werden bisherige Grundsätze aufgegeben. Schon vor COVID-19 hat es erhebliche wirtschaftliche Probleme gegeben, und die Welt war ohnehin auf einem Kurs zur Monetarisierung der viel zu hohen Schulden. Nun aber liefert das Virus die perfekte Begründung für eine direkte Finanzierung der Staaten durch die Notenbanken und dient zugleich als Katalysator für die Entwicklung: Es kommt alles viel schneller als gedacht.

Für die deutsche Wirtschaftspolitik ist es ebenfalls eine enorme Chance. Wir können nun das nachholen, was wir in den letzten Jahren versäumt haben: Deutschland fit machen für die Zukunft. Coronomics ist das Wirtschaftsprogramm für Deutschland.

Mitmachen!

Die USA, Japan, China und die Länder der EU sowie der Eurozone werden – daran besteht nicht der geringste Zweifel – auf die Monetarisierung der Ausgaben für die Krisenbekämpfung setzen und bei dieser Gelegenheit auch noch einige der Altschulden mit in die Programme hineinpacken. Wir müssen beim Spiel der Monetarisierung zunächst mitmachen. Es ist der große »Reset«, der bevorsteht. Wir haben im Kapitel *Neustart der Finanzordnung* gesehen, dass es um erhebliche Beträge geht.

Staatsschulden in % des BIP

	Vor der Krise (2019)	Nach der Krise **pauschal +30 %**	Nach Monetarisierung pauschal 75 %
Griechenland	193 %	223 %	148 %
Italien	147 %	177 %	102 %
Portugal	138 %	168 %	93 %
Frankreich	122 %	152 %	77 %
Belgien	118 %	148 %	73 %
Spanien	115 %	145 %	70 %
Österreich	90 %	120 %	45 %
Irland	75 %	105 %	30 %
Deutschland	**70 %**	**100 %**	**25 %**
Finnland	69 %	99 %	24 %
Niederlande	66 %	96 %	21 %
Schweden	59 %	89 %	14 %
Japan	239 %	269 %	194 %
USA	136 %	166 %	91 %
Großbritannien	117 %	147 %	72 %

Tabelle 1: Staatsschulden und Monetarisierungsvolumen
Quelle: OECD > https://data.oecd.org/gga/general-government-debt.htm

Die Zahlen zeigen deutlich die Dimensionen, um die es geht. Die Verschuldung war schon vor COVID-19 in vielen Ländern auf einem sehr hohen Niveau. Dieser Umstand spielt angesichts von Nullzinsen zwar eine geringere Rolle als in einem Umfeld höherer Zinsen, dennoch wirkt er verunsichernd auf Märkte, Investoren,

Unternehmer und auch private Haushalte, weil nicht klar ist, wie die künftigen Lasten aus der Verschuldung verteilt werden. Hinzu kommt, dass die ungedeckten Verbindlichkeiten für künftige Renten-, Pensions- und Gesundheitszahlungen einer überall älter werdenden Gesellschaft in diesen Zahlen nicht enthalten sind. In Wahrheit sind die Lasten also deutlich höher. In Deutschland liegen die ungedeckten Verbindlichkeiten bei rund 100 Prozent des BIP.[1]

Die zweite Spalte zeigt die Schuldenstände, wenn man pauschal von Kosten der Corona-Krise von 30 Prozent des BIP ausgeht. Diese Werte stehen zurzeit für Deutschland im Raum. Und weshalb sollte es woanders besser aussehen? Damit werden die offiziellen Schulden der Staaten in Europa auf Werte von 100 bis 223 Prozent (in Griechenland) steigen. Dabei sind die Zahlen für Griechenland nicht aussagekräftig, da schon jetzt ein großer Teil dieser Kredite zu vergünstigten Konditionen von den anderen Ländern der Eurozone gegeben wird, weshalb die effektive Last für Griechenland deutlich geringer ist.[2] Eine Strategie, die wir nun in größerem Volumen und deutlich radikaler auf der Ebene der Eurozone wiederholen werden.

Relevanter sind aus der Sicht der Eurozone Italien mit dann 177 Prozent und Frankreich mit 152 Prozent Staatsschulden relativ zum BIP. Von diesen beiden Ländern ist der Hauptdruck in Richtpng Sozialisierung und Monetarisierungpschon jetzt zu spüren. Spanien und Portugal haben, wie auch Belgien, ein ebenso großes Interesse an solchen Lösungen. Angesichts der fehlenden Alternativen wird es deshalb zur Monetarisierung kommen, ob wir es nun wollen oder nicht.

Deshalb sollte Deutschland aktiv daran teilnehmen, statt sich dagegen zu sträuben oder es schweigend hinzunehmen – zum Beispiel, wenn die EU entsprechende Schulden aufnimmt und von der EZB finanzieren lässt. Wir sollten auf einen einheitlichen Wert der Monetarisierung drängen. In der Berechnung habe ich pauschal 75 Prozent des BIP als Zielwert formuliert. Dabei sollte das Vorkrisen-BIP als Basis der Berechnung dienen, damit jene Länder, die besonders hart getroffen wurden, nicht benachteiligt werden. 2018 lag das BIP der Eurozone bei 11,6 Billionen Euro. 75 Prozent entsprechen damit rund 8,7 Billionen Euro. Das ist eine unglaubliche Summe.

Obwohl es eine riesige Summe ist, ist sie, verglichen mit den Beträgen, die im Zuge des Zweiten Weltkriegs monetarisiert wurden, noch gering. Die Monetarisierung könnte folgendermaßen ablaufen:

- Die Euroländer setzen einen gemeinsamen Schuldentilgungsfonds auf.
- Jeder Staat überträgt Schulden im Volumen von 75 Prozent des BIP auf diesen Fonds. Das bedeutet, dass der Fonds in die Verpflichtung der Staaten eintritt und diese übernimmt. Die privaten Gläubiger werden damit kein Problem haben, denn die Bonität ihrer Forderungen verbessert sich durch die gemeinschaftliche Haftung.
- Dabei ist diese Haftung letztlich irrelevant, da die Schulden in vollem Umfang von der EZB aufgekauft werden. Da die EZB schon Staatsanleihen von rund 2500 Milliarden aufgekauft hat, würde sie netto noch 6200 Milliarden für Staatsanleihen zur Verfügung stellen.
- Dies erfolgt über die Zeit. Immer dann, wenn Staatsanleihen fällig werden, wird die Tilgung durch die Ausgabe neuer Staatsanleihen finanziert. Die vom Tilgungsfonds ausgegebenen Anleihen werden von der EZB gekauft. Daneben läuft das bereits installierte Wertpapierkaufprogramm weiter.
- Die Forderungen der EZB gegen den Schuldentilgungsfonds werden auf eine Laufzeit von über 100 Jahren gestreckt und zinsfrei gestellt.
- Perspektivisch kann man sich auch vorstellen, dass die EZB auf die Forderungen verzichtet und erklärt, nicht mehr auf ihrer Einlösung zu bestehen. Dann würde die Bilanz der EZB zwar einen sehr großen Verlustvortrag ausweisen, dies ist aber bei Notenbanken kein Problem. Notenbanken können auch mit negativem Eigenkapital arbeiten.[3] Adair Turner, der frühere Chef der britischen Finanzmarktaufsicht, ist einer der prominentesten

Befürworter einer solchen Vorgehensweise und plädierte schon vor Jahren dafür, auf diesem Weg die Schuldenprobleme der Staaten zu lösen.[4] Japan sehen Beobachter schon seit langer Zeit auf genau diesem Weg. Die Bilanzsumme der Bank of Japan liegt bereits bei 100 Prozent des BIP, in der Eurozone waren es vor der Corona-Krise erst 40 Prozent.

- Die Schulden des Schuldentilgungsfonds werden bei der Berechnung der Staatsschuldenquoten der einzelnen Länder nicht berücksichtigt.

Da die direkte Staatsfinanzierung gemäß den Statuten der EZB nicht zulässig ist, wird – wie auch schon in der Vergangenheit – der Umweg über die Geschäftsbanken gewählt. Konkret könnte der Schuldentilgungsfonds Anleihen ausgeben, die Privatbanken kaufen und direkt bei der EZB zur Refinanzierung einreichen. Dieser Weg wird schon seit Jahrzehnten beschritten, weshalb vor allem die Vertreter der Modern Monetary Theory (MMT) dafür plädieren, sich den Umweg zu sparen und die Staaten direkt von der Notenbank zu finanzieren.

Ich weiß, dass vor allem von deutschen Ökonomen angesichts dieser Dimensionen und der Vorgehensweise heftige Proteste zu erwarten sind.[5] Ich verstehe diese Kritik auch, bin aber realistisch. Dieser Weg wird weltweit gegangen werden, weil wir es mit einem Schaden zu tun haben, der nur mit dem eines Krieges vergleichbar ist. Zudem existieren nirgendwo auch nur annäherungsweise ausreichende finanzielle Reserven, um mit dem Ausmaß des Schadens umzugehen. Auch in Deutschland nicht.

Wenn wir in Deutschland die Kosten des Corona-Schocks von rund 1000 Milliarden Euro, die Kosten der ungedeckten Versprechen für Renten und Pensionen von rund 3000 Milliarden Euro und die erforderlichen Zahlungen im Rahmen der Eurozonen-Solidarität von, nehmen wir an, weiteren 1000 Milliarden über Steuern und Abgaben stemmen wollen, dürfte das zum Ruin der Wirtschaft führen. Im optimistischen Fall, das heißt, wenn die Vermögenswerte durch die Krise nicht leiden und die Wirtschaft rasch auf das Vorkrisenniveau zurückkehrt, entsprächen diese 5 000 Milliarden etwa 40 Prozent des Vermögens und 145 Prozent des BIP eines Jahres. Jeder Versuch, diese Lücken über Steuern und Abgaben einzutreiben, muss scheitern. Ein Modell »Lastenausgleich« würde selbst bei einem sehr langen Zeithorizont eine untragbare Belastung darstellen.

Nun könnte man einwenden, dass die ungedeckten Verbindlichkeiten für künftige Renten und Pensionen von rund 3 000 Milliarden Euro auch sonst durch höhere Abgaben, Steuern und geringere Leistungen aufgefangen worden wären. Das stimmt – allerdings auch dies mit entsprechend negativen Wirkungen auf Wohlstand und Wirtschaftswachstum.

Es wäre bei dieser Aktion nur gerecht, wenn alle Staaten unabhängig von ihrem Schuldenstand am skizzierten Pooling teilnähmen. Denn nur dann würde es sich für Deutschland und die Niederlande in der Vergangenheit gelohnt haben, besser zu wirtschaften. Bei uns zum Preis ungenügender Investitionen in Infrastruktur, Verteidigung und Digitalisierung, wie wir gesehen haben – und als Folge einer letztlich zu hohen Abgabenbelastung der Bürger, die dazu beiträgt, dass die Privathaushalte in Deutschland über weniger Vermögen verfügen als jene in den anderen Euroländern.

Für die meisten Staaten ließen sich auf diesem Weg nachhaltig tragbare Staatsschuldenstände realisieren. Da die EZB ebenso wie die anderen Notenbanken der Welt auf absehbare Zeit die Zinsen niedrig halten wird, um auch dem Privatsektor eine Entschuldung zu erleichtern, dürften Schuldenstände von bis zu 100 Prozent des BIP kein Problem darstellen. Darüber lägen nur noch Griechenland und Italien. Deutschland würde eine Staatsverschuldung von nur noch 25 Prozent ausweisen. Dies gäbe uns den finanziellen Rahmen, um nicht nur die Folgen der Corona-Krise zu bewältigen, sondern auch um die nachzuholenden Investitionen durchzuführen.

Dieses Szenario dürfte auf viele Leser schockierend wirken, die eine deutlich höhere Inflation befürchten und diese Vorgehensweise für unsolide halten. Deshalb betone ich es nochmals:

- Die Monetarisierung von Schulden kam in der Geschichte regelmäßig vor, vor allem infolge von Wirtschaftskrisen und Kriegen.
- Angesichts der schon vor der Krise zu hohen Schuldenlasten ist es nicht absehbar, auf welchem anderen Weg die Schuldenlast bereinigt werden könnte.
- Deutschland mag einen anderen Weg wählen, da wir aber in einer Währungsunion mit Ländern sind, die auf Monetarisierung setzen werden und wir nicht die finanzielle Kraft haben, die Entschuldung dieser Staaten durch Sparpolitik zu bewältigen, könnten wir diesen Weg nicht lange verhindern.
- Wenn wir ihn nicht verhindern können, müssen wir unsere Interessen so vertreten, dass wir ebenfalls von diesem Instrument Gebrauch machen. Deshalb ist es wichtig, einen Prozentsatz vom Vorkrisen-BIP als Basis zu wählen, und zwar einen für alle Länder gleichen.
- Der Vorteil ist, dass statt eines offenen Scheckbuchs bei vollständiger Vergemeinschaftung von Schulden ein im Vorhinein festgesetzter Betrag sozialisiert wird.
- Bleibt es bei dieser einmaligen Aktion, so muss diese nicht inflationär wirken, weil sie ihre Wirkung vor dem Hintergrund eines einmaligen deflationären Schocks entfaltet. Inflationsgefahren entstehen, wenn Monetarisierung zu einem Dauerinstrument wird.

Wenn Deutschland in dieser Richtung vorangeht, leisten wir nicht nur einen Beitrag zur Stabilisierung von EU und Eurozone, sondern sichern uns auch die Sympathie der Nachbarn. Eine Politik der Blockade wird am Ende nicht erfolgversprechend sein und riskiert zudem den Zerfall des Euro und der EU, was mit erheblichen finanziellen Schäden für uns verbunden wäre. Übernehmen wir eine aktive Rolle, so können wir im Gegenzug bestimmte Regelungen durchsetzen, zum Beispiel, dass es sich um eine einmalige Aktion handelt und ein künftiges Bail-out strikt und vertraglich nicht aushebelbar verboten wird. Auch hier können die Kritiker zu recht einwenden: Wir werden es nicht verhindern können, dass es in Zukunft wieder passiert. Das mag sein. Aber das hätten wir uns überlegen müssen, bevor wir in eine Währungsunion eintraten.

Vor allem verdeutlicht die Diskussion, dass es zwei Denkschulen in Europa gibt. Auf der einen Seite Deutschland mit seiner Tradition von Besteuerung, Lastenausgleich und Vermögensabgaben, auf der anderen Italien und Frankreich mit der Tradition der Lösung über die Notenbank. Dem Weg über die EZB werden wir uns nicht erfolgreich widersetzen können. Deshalb sollten wir auf keinen Fall zusätzlich den Weg der Besteuerung im Inland gehen.

Solidarisch zeigen

Vermutlich wird dieser organisierte Schuldenschnitt nicht genügen. Will man zusätzlich einen Puffer zulassen für weitere staatliche Maßnahmen zur Bewältigung der Krisenfolgen, so könnte man als Zielwert 60 Prozent des BIP definieren – den Wert, der ursprünglich bei der Einführung des Euro festgelegt wurde. Danach verbliebe in Italien ein Schuldenüberhang von 40 Prozent des BIP, also rund 700 Milliarden Euro, in Frankreich von 17 Prozent (400 Milliarden Euro), in Spanien von 10 Prozent (120 Milliarden) und in Portugal von 33 Prozent (60 Milliarden).

Während Frankreich und Spanien in der Lage sein sollten, mit dieser Mehrverschuldung umzugehen, sind bei Italien und Portugal Zweifel angebracht. So ist in Portugal auch die Verschuldung der Unternehmen und privaten Haushalte hoch. In Italien sind die privaten Haushalte zwar vermögender als die privaten Haushalte hierzulande und sind zudem auch nicht hoch verschuldet. Dennoch dürfte es nach dem Corona-Schock schwer sein, die Staatsschulden ausschließlich über eine höhere Besteuerung der privaten Haushalte zu senken.

Deutschland könnte und sollte hier im europäischen Geist zusätzlich helfen. Dabei kommen die TARGET2-Forderungen im Europäischen Zahlungsmechanismus ins Spiel. Seit Jahren gibt es hier einen Streit zwischen Ökonomen. Die einen sagen, dass es sich lediglich um einen Verrechnungsposten handelt, der keine weitergehende Bedeutung hat. Die anderen hingegen, angeführt vom ehemaligen Präsidenten des ifo Instituts in München, Hans-Werner Sinn, sehen darin einen zins- und tilgungsfreien Kredit, den wir ohne Sicherheiten an die Defizitländer vergeben. Persönlich neige ich eher der Auffassung zu, dass es sich um einen Vermögensposten handelt, immerhin in Höhe von rund 10 000 Euro pro Kopf der in Deutschland lebenden Bevölkerung. Dafür spricht auch, dass die Bundesbank die TARGET2-Forderungen offiziell als Bestandteil des Auslandsvermögens Deutschlands führt.[6]

Im Januar 2020 wies die Bundesbank hier eine Forderung von 810 Milliarden Euro aus. Hauptschuldner waren Spanien (390 Milliarden Euro), Italien (383 Milliarden Euro) und Portugal (75 Milliarden Euro).[7] Diese 810 Milliarden Euro entsprechen rund 25 Prozent des deutschen BIP. Eine Rückführung dieser Verbindlichkeiten ist nur möglich, wenn wir mehr in diesen Ländern einkaufen oder investieren. Danach sieht es in den kommenden Jahren jedoch nicht aus. Deshalb besteht die realistische Gefahr, dass diese Forderungen nicht nur bestehen bleiben, sondern bei entsprechend ungünstiger Entwicklung weiter anwachsen. Sollte es im Zuge weiterer Spannungen zu einem Zerfall der Eurozone kommen – was durch den Corona-Schock eher wahrscheinlicher geworden ist, wie wir gesehen haben –, so müssten wir diese Forderungen ohnehin abschreiben. Formell würde zwar die EZB dafür haften, doch in der Praxis wäre nicht damit zu rechnen, dass es zu einer werthaltigen Bedienung kommt.

Der Münchener Investor und Vorsitzende von Global Bridges, Hans Albrecht, hat schon im Oktober 2018 in der *Frankfurter Allgemeine Sonntagszeitung (FAS)* aufgezeigt, wie die TARGET2-Forderungen genutzt werden könnten, um den gebeutelten Partnern zu helfen.[8] So könnte die Bundesrepublik Deutschland einen »Sonderfonds Europäische Solidarität« auflegen. Dieser Fonds würde, versehen mit der Garantie der Bundesrepublik, Anleihen ausgeben. Diese Anleihen würde die Bundesbank aufkaufen – wie schon bei der Monetarisierung über den Umweg der Privatbanken. Danach würde der Fonds Zahlungen an Italien und die anderen Länder leisten. Durch diese Überweisung sänke die TARGET2-Forderung entsprechend, die Bilanz der Bundesbank würde schrumpfen und am Ende hätte sie statt der TARGET2-Forderungen eine Forderung gegen den Sonderfonds. Wie auf der Ebene der EU gilt auch hier: Eine lange Laufzeit gepaart mit Nullzinsen würde dafür sorgen, dass dies keine relevante Last für den Staat ist.

Der Vorteil liegt auf der Hand: Wir würden einen Vermögenswert mobilisieren, der nicht werthaltig ist, um damit etwas Echtes zu bewirken. Dabei könnten wir differenzieren und der Fonds könnte einen Teil des Geldes an die anderen Staaten verschenken, einen Teil als Kredit vergeben und einen weiteren Teil zur Finanzierung von Direktinvestitionen vor Ort nutzen. Alles hätte die gleiche Wirkung: Die TARGET2-Forderung würde abnehmen, den Ländern würde echt geholfen und wir würden uns Goodwill verschaffen.

Auch hier der Hinweis: Es handelt sich natürlich um ungewöhnliche Maßnahmen, die aber bereits von Partnerländern in der Eurozone vollzogen wurden. So rettete Irland im Zuge der Euro- und Finanzkrise die eigenen Banken mit Milliardenbeträgen. Dies erfolgte über einen Bankenrettungsfonds, der von der irischen Notenbank mit einem Notfalldarlehen finanziert wurde. Diese Notfallhilfe für die Liquidität, Emergency Liquidity Assistance (ELA), ist ein offizielles Mittel der Notenbanken im Eurosystem. Der irische Staat garantierte für das Darlehen. Nach einigen Jahren ließ man den Bankenrettungsfonds pleitegehen, der irische Staat musste die Notenbank für den Kreditausfall entschädigen. Dies tat er, indem er langlaufende Anleihen ausgab, die zum Teil mehrere Jahre zins- und tilgungsfrei waren. Gekauft wurden diese Anleihen wiederum von der Notenbank. Die *Financial Times* nannte es »klassische Monetarisierung«.[9] Die Größenordnung bewegte sich, gemessen an der Größe Irlands, ungefähr auf dem Niveau, das wir hier für Deutschland diskutieren. Der Unterschied liegt nur darin, dass Irland damals sein Programm relativ heimlich abgewickelte und nur wenige Medien davon erfuhren. Spanien agierte übrigens mit seinem Bankenrettungsfonds auf ähnliche Weise.

Ein Programm zur Konjunkturförderung

Wir sehen, dass es Deutschland mit Blick auf die umfangreiche Monetarisierung der Schulden nicht am finanziellen Spielraum mangeln wird, wenn wir bereit sind, das Unvermeidliche nicht nur zuzulassen, sondern uns zu beteiligen. Die Gefahr besteht allerdings darin, dass wir, ähnlich wie in den letzten Jahren, die falschen Prioritäten setzen. Schon jetzt sind die Rufe laut, die für eine Finanzierung politischer Lieblingsprojekte ohne positive Wirkung auf den künftigen Wohlstand plädieren. Dabei gilt gerade auch in einem solchen historischen Kontext die Notwendigkeit, den gewonnenen finanziellen Spielraum intelligent einzusetzen.

Intelligent heißt für Projekte, die unseren Wohlstand nachhaltig erhöhen, indem sie das Wachstumspotenzial der Wirtschaft vergrößern. Angesichts der demografischen Entwicklung müssen wir vor allem das BIP pro Kopf in den kommenden Jahren deutlich steigern, denn nur dann können wir die Lasten bewältigen. Dies vor dem Hintergrund, dass unsere Schlüsselindustrien vor existenziellen Herausforderungen stehen und wir zugleich unsere Exportabhängigkeit reduzieren müssen, denn Exportüberschüsse wie in den letzten Jahren werden in Zukunft international noch weniger akzeptiert werden.

Kurzfristig geht es zunächst darum, die Konjunktur nach dem Einbruch wieder anzukurbeln. Der Schwerpunkt muss dabei – anders als bei früheren Rückschlägen und als in der Finanzkrise – nicht so sehr auf den großen Industrieunternehmen liegen, sondern auf den Mittelständlern, vor allem im Einzelhandel und in der Gastronomie. Wie bereits im Kapitel *Wer zumacht, muss auch wieder aufmachen* angesprochen, plädiere ich für die Ausgabe von Konsumgutscheinen mit beschränkter Laufzeit. Das ließe sich noch organisieren, wenn man rasch die Entscheidung dafür fällen würde. Der Wert sollte bei 1000 Euro pro Kopf liegen. Unternehmen können die Gutscheine, die sie annehmen, zum Begleichen von Steuern verwenden.

Der Vorteil von Gutscheinen liegt darin, dass sie zum Konsum »zwingen«. Nutzt man sie nicht bis zu einem bestimmten Datum, so verfallen sie wertlos. Alternativ dazu kann jedem Bürger ein »Kopfgeld« ausgezahlt werden. Dies birgt allerdings die Gefahr, dass das Geld nicht konsumiert, sondern gespart wird. Da bei einem Gutscheinmodell oder einer Kopfgeldzahlung rasch eine Diskussion über die soziale Gerechtigkeit entbrenen wird, kann parallel dazu festgehalten werden, dass ab einem bestimmten Einkommen der Betrag des Gutscheins pauschal zur Steuerschuld des Jahres 2020 dazugerechnet wird. Dann hätten wir eine rasche, unbürokratische Zahlung, die Anreizwirkung zur Ausgabe des Geldes innerhalb einer gewissen, möglichst kurzen Frist und könnten die soziale Gerechtigkeit nachher wiederherstellen.

Ebenso wichtig wie die Stärkung des kurzfristigen Konsums ist die Genesung der Unternehmen. Nachdem die Regierung – fälschlich – auf Kredite und Verstaatlichung gesetzt hat, um den Unternehmen zu helfen, sollten wir diese Kredite umgehend erlassen. International wurde so rasch gedacht – auch von Mario Draghi, bis Ende Oktober 2019 Präsident der EZB. In einem Gastbeitrag für die *Financial Times* forderte er zur Bekämpfung der wirtschaftlichen Folgen von COVID-19, dass Banken jedem Schuldner Geld leihen sollten, unabhängig von dessen Bonität, und dies zu Selbstkosten – also ohne jegliche Differenzierung nach Risikoklassen. Dazu gehörte auch, die Kapitalregeln für Banken auszusetzen. Außerdem sollten »die Staaten die Verluste des Privatsektors übernehmen« und akzeptieren, dass »deutlich höhere Staatsschulden einhergehen müssen mit der Annullierung privater Schulden«.[10]

Damit hat er recht. Die Vergabe von Krediten war ohnehin der falsche Weg, da Unternehmer alles versuchen werden, um die Kreditlast so gering wie möglich zu halten. Für viele Unternehmen sind schon geringfügige Kredite nicht nachhaltig tragbar, arbeiten sie doch mit geringen Eigenmitteln und wenig Liquidität. Muss nun die Wirtschaft nach dem Schock den Fokus auf das Tilgen von Krediten richten, so fehlt das Geld für Investitionen, Innovation und den Ausbau des Geschäfts. Also gerade dann, wenn Unternehmen Geld ausgeben sollen, werden sie davon abgehalten.

Der Erlass von Schulden muss rasch und effizient erfolgen, vor allem müssen die Regeln klar sein. Nur dann haben die Unternehmen Planungssicherheit. Die Unsicherheit belastet die Wirtschaft nämlich mindestens ebenso stark wie die finanziellen Lasten.

Während einige bereits eine neue Treuhandanstalt in die Diskussion bringen, die die Vielzahl an staatlichen Beteiligungen und Forderungen verwalten soll, würde ich auch hier, analog zum »Sonderfonds Europäische Solidarität« einen »Altlastenfonds Corona« einrichten. Ebenso würde sich dieser, ausgestattet mit einer Garantie der Bundesrepublik, über eine sehr lange Frist refinanzieren. Die Forderungen gegen den Privatsektor würden abgeschrieben, ebenso die Anteile des Staates an den Unternehmen.

Dieses Vorgehen wäre gerecht, weil es sich eben nicht um eine Krise handelt, die von den betroffenen Unternehmen verursacht wurde. Bei der Finanzkrise wäre es richtig gewesen, die Banken in großem Stil zu verstaatlichen und die Aktionäre die Verluste tragen zu lassen. Denn das Geschäftsgebaren war ursächlich für die Krise. Bei COVID-19 handelt es sich um einen externen Schock, der Unternehmen sehr unterschiedlich getroffen hat. Natürlich gibt es im Einzelfall Unternehmen, die vor der Krise mit einem zu geringen Eigenkapital gearbeitet haben. Die Unterscheidung im Nachhinein zu treffen, dürfte jedoch schwer bis unmöglich sein und einer raschen und unbürokratischen Lösung im Wege stehen. Hier gilt, dass es eben keine vollkommene Gerechtigkeit geben kann.

Fazit: Zur kurzfristigen Belebung der Wirtschaft brauchen wir Konsumgutscheine mit zeitnahem Verfall, alternativ dazu ein »Kopfgeld« und eine rasche Entschuldung der Unternehmen von den im Zuge der Krise eingegangenen Verpflichtungen.

Investieren

Mit der kurzfristigen Stabilisierung der deutschen Wirtschaft darf es nicht getan sein. Wir haben im Kapitel *Deutschland hat die guten Jahre nicht genutzt* gesehen, dass wir uns in den letzten zehn guten Jahren nicht darum gekümmert haben, das Land zukunftsfähig zu machen. Dies können und müssen wir nun nachholen. Der gesellschaftliche Konsens, das zu tun, sollte nach dem Corona-Schock leichter zu erzielen sein und zugleich sollte die Neugestaltung der Staatsschulden dabei ebenfalls helfen.

Ein wichtiger Hebel ist die Stärkung der Investitionen von Staat und Privatsektor. Das ist nicht nur in unserem eigenen Interesse. Im Kontext der Europäischen Union würde dies als Maßnahme gesehen werden, um das Wirtschaftswachstum des Kontinents zu steigern und zugleich die Exportabhängigkeit Deutschlands zu reduzieren.

Deutschland verwendete im Jahr 2019 insgesamt 21,5 Prozent des BIP darauf, in die Zukunft zu investieren – und zwar private Haushalte, Unternehmen und Staat. Damit liegen wir im internationalen Vergleich auf einem hinteren Platz (siehe Abbildung 15).

Blicken wir zunächst auf die Gesamtinvestitionen. Natürlich gibt es Länder wie Großbritannien, die noch deutlich schlechter abschneiden als wir. Nur: Wie im echten Leben soll man sich nicht an den Schlechteren orientieren, sondern an den Besten! Wenn wir nun Südkorea (andere Kultur, holt noch auf) und Norwegen (reiches Land, dank Rohstoffen) außen vor lassen, bleiben durchaus relevante Nationen vor uns. Japan, das Land, das uns hinsichtlich der demografischen Entwicklung um rund 20 Jahre voraus ist, investiert relativ zum BIP fast drei Prozentpunkte mehr. Das ist ein erheblicher Unterschied! Selbst Frankreich investiert mehr in die eigene Zukunft als wir.

Schauen wir auf den Privatsektor, so erkennen wir, dass wir auch hier nur im unteren Mittelfeld liegen. Dies widerspiegelt die bereits angesprochene Schwäche bei den Investitionen der Unternehmen

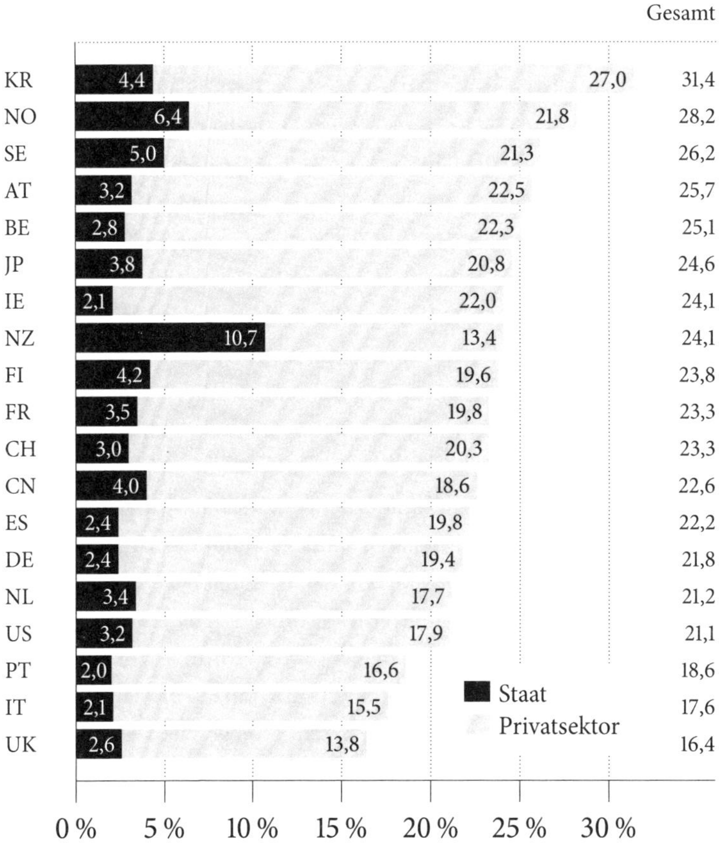

	Staat	Privatsektor	Gesamt
KR	4,4	27,0	31,4
NO	6,4	21,8	28,2
SE	5,0	21,3	26,2
AT	3,2	22,5	25,7
BE	2,8	22,3	25,1
JP	3,8	20,8	24,6
IE	2,1	22,0	24,1
NZ	10,7	13,4	24,1
FI	4,2	19,6	23,8
FR	3,5	19,8	23,3
CH	3,0	20,3	23,3
CN	4,0	18,6	22,6
ES	2,4	19,8	22,2
DE	2,4	19,4	21,8
NL	3,4	17,7	21,2
US	3,2	17,9	21,1
PT	2,0	16,6	18,6
IT	2,1	15,5	17,6
UK	2,6	13,8	16,4

0 %   5 %   10 %   15 %   20 %   25 %   30 %

■ Staat
Privatsektor

Abb. 15: Investitionen in % des BIP

*Quelle: letzte verfügbare Daten je Land · Internationaler Währungsfonds,
»World Economic Outlook Database, Update Januar 2020«
(für die Gesamtinvestitionen relativ zum BIP > https://www.imf.org/external/pubs/ft/
weo/2019/02/weodata/index.aspx) · OECD »Investment by Sector«
(für den staatlichen Anteil > https://data.oecd.org/gdp/investment-by-
sector.htm#indicator-chart) · bto-Berechnungen*

im Inland. Hier sind die Aussichten und Rahmenbedingungen nicht ansprechend genug, um Investitionen anzuregen.

Besonders dramatisch sind die Zahlen für den Staatssektor. Nur in Irland, Italien und Portugal investiert der Staat so wenig wie im vermeintlich so reichen Deutschland. Die Unterschiede sehen klein aus, sind aber gigantisch. Wenn Frankreich beispielsweise 1,1 Prozentpunkte relativ zum BIP mehr investiert, bedeutet das, auf Deutschland übertragen, 38 Milliarden Euro staatliche Investitionen jährlich. Im Kapitel *Wer soll das bezahlen?* ist dargestellt, dass der Staat nach aktuellen Studien allein in den kommenden zehn Jahren 450 Milliarden Euro investieren müsste, um nachzuholen, was versäumt wurde. Unsere Politik hat das Land auf Verschleiß gefahren.

Heute werden rund 72 Prozent der Einnahmen konsumiert und 22 Prozent investiert. Sechs Prozent fließen als Ersparnis ins Ausland. Wir wissen, dass in den kommenden Jahren aufgrund des starken Anstiegs des Anteils der Menschen im Rentenalter der Druck in Richtung einer noch höheren Konsumquote zunehmen wird. Nichts anderes steht hinter den geschätzten Milliardenlücken für künftige Renten-, Pensions- und Gesundheitszahlungen. So rechnet die Bundesbank vor, dass nach heutiger Gesetzeslage die Beitragssätze für die Rentenversicherung bis 2040 um rund ein Drittel auf 24 Prozentpunkte steigen und der Bundeszuschuss sich parallel von heute rund 3,2 Prozent des BIP auf 4,5 Prozent erhöht – ein Anstieg um immerhin 40 Prozent.[11] Abgesehen davon, dass Deutschland schon heute als Zuschuss zur Rentenkasse über 30 Prozent mehr Mittel aufwendet als für Investitionen, drohen dann weitere erhebliche Einsparungen an Investitionen, werden doch parallel auch die Lasten für Pensionen und Gesundheitsversorgung steigen.

Dabei könnte es noch schlimmer kommen, rechnet die Bundesbank vor. Die Bemühungen der Politik, den Rentnern noch mehr entgegenzukommen, könnten im Extremfall zu Beitragssätzen von deutlich über 26 Prozent und einem Bundeszuschuss von rund neun Prozent des BIP führen! Nicht berücksichtigt in den ganzen Rechnungen sind die ungedeckten Versprechen von Pensionen und die unweigerlich steigenden Kosten der Gesundheitsversorgung. Klar ist also: Alles deutet auf einen massiven Druck in Richtung einer höheren Konsumquote hin.

Wir wissen allerdings, dass diese Strategie (zu) geringer Investitionen in mehrfacher Hinsicht falsch ist:

- Zu geringe staatliche Investitionen verschlechtern die Standortbedingungen,
- weshalb sie dazu beitragen, dass die privaten Investitionen zurückgehen,
- was wiederum weitere private Investitionen unattraktiv macht,
- was die Produktivitätszuwächse, die dringend benötigt werden, verhindert.

Das können wir uns im Hinblick auf die Herausforderungen der Zukunft nicht mehr leisten. Wir müssen uns ein Mindestinvestitionsniveau für Deutschland vornehmen. Mit Blick auf die anderen führenden Industrienationen kann dies nur sein:

- Ziel für gesamtwirtschaftliche Investitionen von 25 Prozent des BIP,
- Ziel für staatliche Investitionen von 3,5 Prozent des BIP, das Niveau Frankreichs und immer noch deutlich hinter Japan.

Natürlich kann der Staat dem Privatsektor nicht vorschreiben, wie viel er investieren soll. Er kann nur indirekt über Anreize und Rahmenbedingungen dazu beitragen, dass die Unternehmen es attraktiv finden, am Standort zu investieren. Umgekehrt können die staatlichen Investitionen als verbindliche Leitplanke für die Politik festgeschrieben werden.

»Aber es liegt doch gar nicht am Geld«, hört man da unsere Politiker gerne behaupten. Vordergründig haben sie damit recht, da es an Planungskapazitäten auf öffentlicher wie privater Seite fehlt und Genehmigungsprozesse viel zu lange dauern. Verantwortlich dafür ist die Politik.

Die Planungskapazitäten wurden abgebaut, weil wenig investiert wurde und vor allem weil es unsicher ist, ob es in Zukunft nicht erneut zu willkürlichen Kürzungen kommt. Deshalb müssen die Investitionen festgeschrieben werden, damit auch Private darauf vertrauen können, dass die aufgebauten Kapazitäten auch in Zukunft benötigt werden. Die Genehmigungsprozesse müssen wie in den Jahren nach der deutschen Einheit deutlich beschleunigt werden.

Zur Förderung der privaten Investitionen muss das Steuersystem umgebaut werden. Investitionen, Ausgaben für Forschung und Entwicklung und Maßnahmen zur Fortbildung der Mitarbeiter müssen deutlich gefördert werden. Dies bei einer insgesamt geringeren Belastung, um den Standort Deutschland in internationaler Sicht wieder attraktiv zu machen.

Dazu gehört auch eine Wende in der Energiepolitik, um die Stromkosten deutlich zu senken und die Versorgungssicherheit auch künftig zu sichern. Deutschland ist das einzige Land, das zeitgleich aus der Atomkraft und der Kohleverstromung aussteigt. Welch gewaltiges Unterfangen das ist, sieht man daran, dass im Jahr 2018 noch 47 Prozent der deutschen Stromerzeugung aus diesen beiden Quellen stammte.[12] Nun soll die Energieerzeugung in einem Kraftakt auf erneuerbare Energien umgestellt werden, so die Vorstellung der Regierungskommission »Wachstum, Strukturwandel, Beschäftigung« (»Kohlekommission«). Bis 2030 soll der Anteil erneuerbarer Energien von heute 43 auf 65 Prozent steigen.

Allein an dieser Zielvorgabe bestehen erhebliche Zweifel. So stockt der Ausbau der erneuerbaren Energien, die Frage der Speicherung ist ungeklärt und die Annahme, den Strombedarf durch Effizienzgewinne deutlich senken zu können, erscheint unrealistisch. Es ist also eine große Wette, die unsere Politiker – gedrängt von der öffentlichen Meinung – eingegangen sind: Es wird schon irgendwie klappen, den Strombedarf zu decken, Blackouts zu vermeiden und den Industriestandort zu erhalten. Nüchtern betrachtet muss man festhalten, dass eine solche Politik nicht verantwortungsvoll ist. Sie gleicht der eines Kapitäns, der, um seine Mannschaft anzuspornen, ein Loch in den Schiffsrumpf schlägt. Kann gut sein, dass man das Ziel dann schneller erreicht. Oder eben gar nicht.

Die Gefahr ist groß, dass angesichts der Milliarden, die zur Verfügung stehen, die Rufe lauter werden, die vergrößerte Anstrengungen zum Klimaschutz fordern. Nach dem Motto, der Klimawandel sei wie Corona eine erhebliche Bedrohung und müsse genauso entschlossen bekämpft werden. Ich sehe das kritisch, zumindest was die Vorgehensweise in Deutschland betrifft. Wir haben uns für einen sehr teuren und ineffizienten Weg entschieden, den Klimaschutz zu fördern, bestes Beispiel ist der Kohleausstieg.[13] Statt auf Regelungen und direkte Subventionierung zu setzen, sollte sich der Staat darauf beschränken, einen CO_2-Preis durchzusetzen, idealerweise auf europäischer Ebene. Instrumente sind Emissionszertifikate oder CO_2-Steuern. Im Gegenzug sollten andere Steuern gesenkt werden.

Besondere Programme sind zudem erforderlich, um den deutlichen Rückstand im Bereich Digitalisierung und Mobilfunk aufzuholen. Im »Global Competitiveness Report« des Weltwirtschaftsforums (WEF)[14] belegen wir beim Thema Informationstechnologie Platz 36 – weit hinter den skandinavischen Ländern, den Golfstaaten, Russland und China. Nur einer von 100 Breitbandanschlüssen hierzulande ist mit Glasfaser ausgestattet, in Korea sind es 32 und in Litauen 20. Vereinfachte Genehmigungsprozesse und direkte staatliche Investitionen sind angezeigt, damit wir bei der Infrastruktur des 21. Jahrhunderts wettbewerbsfähig werden.

Wachstumskräfte stärken

»Deutschlands globaler Abstieg scheint ausgemacht«, lautete die Schlagzeile eines Artikels in der *Welt* im Februar 2020.[15] Hinter der lauten Überschrift steht nichts anderes als die Erkenntnis, dass das Wirtschaftswachstum und damit der Wohlstand im Kern von zwei Faktoren abhängen:

- dem Wachstum der Erwerbsbevölkerung
- der Produktivität, also dem BIP pro Erwerbstätigen.

Die Bevölkerung im erwerbsfähigen Alter (20 bis 66 Jahre) wird nach Berechnungen des Statistischen Bundesamts von heute 51,8 Millionen je nach Zuwanderungsszenario bis 2050 auf 43,2 bis 47,4 Millionen schrumpfen. Schon bis 2030 verlieren wir 2,6 bis 3,5 Millionen potenziell Erwerbstätige. Die Folgen des Bevölkerungsrückgangs sind erheblich, sinkt doch die wirtschaftliche Leistungsfähigkeit, während die Kosten der alternden Gesellschaft wahrhaft explodieren. Wissenschaftler des Österreichischen Instituts für Wirtschaftsforschung (WIFO) haben im Auftrag der Bertelsmann Stiftung berechnet, dass wir schon bis 2040 mit einem Verlust des Pro-Kopf-Einkommens von rund 3700 Euro rechnen müssen. Insgesamt wird das hiesige Bruttoinlandsprodukt um 274 Milliarden Euro niedriger ausfallen als bei konstanter Bevölkerung – eine Lücke, die in den nachfolgenden Jahrzehnten noch deutlich größer werden wird.[16]

Wir brauchen ein Programm, um den Rückgang der Erwerbsbevölkerung zu verlangsamen und die Produktivität zu steigern. Ein solches Programm hätten wir auch ohne den Corona-Schock gebraucht, doch nach der Krise ist es noch notwendiger.

Beginnen wir mit der Erwerbsbevölkerung: Schon im Basisszenario des Statistischen Bundesamtests wird eine jährliche Nettozuwanderung von über 200 000 Personen angenommen. Um die Erwerbsbevölkerung stabil zu halten, müssten jedoch netto 500 000 Personen pro Jahr zuwandern, zur Stabilisierung der Abhängigkeitsquote bis 2040 sogar 780 000 Personen. Es ist schwer vorstellbar, dass sich eine solch hohe Zuwanderung mit erfolgreicher Integration bewerkstelligen lässt. Dies dürfte angesichts der politischen Diskussion hierzulande infolge der Migrationskrise des Jahres 2015 nicht realistisch sein.

Angesichts der steigenden Lebenserwartung liegt es auf der Hand, das Renteneintrittsalter zu erhöhen. Das hat mehrere Vorteile:

- Es verschiebt den Rückgang der Erwerbsbevölkerung.
- Es führt zu mehr Beitragszahlern.
- Es reduziert den Aufwand für Renten und Pensionen.

Letztlich ist es nur gerecht, ein konstantes Verhältnis zwischen der Zahl der Jahre, die man in die Rentenversicherung eingezahlt hat, und der Bezugsdauer von Rente herzustellen. Das ließe sich über einen Lebenserwartungsfaktor mit automatischer Anpassung des Regelrenteneintrittsalters am einfachsten realisieren. Damit würden alle Generationen so lange Renten beziehen, wie es ihnen zusteht. Musste in den 1950er-Jahren pro Rentenbezugsjahr fast 3,5 Jahre einbezahlt werden, so ist dieser Wert bis heute auf etwas über zwei Jahre gesunken und wird – so nicht gehandelt wird – bereits 2030 unter zwei sinken. Man muss kein Mathematiker sein, um zu erkennen, dass dies nicht funktionieren kann.

Berechnungen zeigen, dass ein solcher Lebenserwartungsfaktor die Nachhaltigkeitslücke in der Rentenversicherung um 37,9 Prozentpunkte oder rund 1 282,1 Milliarden Euro senken würde.[17] Das ist nicht nur gerecht, sondern aufgrund der Lebensumstände mehr als gerechtfertigt. Die durchschnittliche Lebenserwartung bei der Geburt in Deutschland belief sich 2015 für Männer auf 78,4 und für Frauen auf 83,4 Jahre – damit hat sich die Lebenserwartung seit dem 19. Jahrhundert bedeutend erhöht und gegenüber den 1870er-Jahren mehr als verdoppelt.[18] 60-jährige Männer haben eine Lebenserwartung von 22 Jahren, 70-jährige noch eine von 14 Jahren. Für Frauen sieht es mit 25 bzw. 17 Jahren noch besser aus.[19] Das zeigt, dass es überhaupt kein Problem ist, wenn die längere Lebenszeit auch mit einer längeren Zeit gesunden Lebens einhergeht. Länder wie Japan haben das bereits erkannt und arbeiten gezielt in diese Richtung. So stieg zwischen 2013 und 2016 die Lebenserwartung japanischer Männer um neun Monate, die zu erwartende Zeit gesunden Lebens sogar um ein Jahr. In Europa stagnieren die Zuwächse an Lebenserwartung, weil der Effekt der geringeren Zahl der Menschen, die rauchen, in den Zahlen bereits enthalten ist.[20] Dies bedeutet jedoch nicht, dass wir nicht noch mehr tun können, um nicht nur die Lebenserwartung, sondern vor allem die Zahl der Jahre in Gesundheit zu erhöhen.

Darüber hinaus sollte es möglich sein, auch Menschen jenseits des Rentenalters zur Teilnahme am Arbeitsmarkt zu motivieren. So arbeiten schon heute 11 Prozent der 65- bis 74-Jährigen.[21] Offensichtlich kann und sollte mehr getan werden, um eine höhere Erwerbsbeteiligung älterer Menschen zu fördern. Abgesehen von der unstrittigen Wirkung einer Anhebung des Renteneintrittsalters geht es vor allem um intelligente Wege, einen gleitenden Übergang zwischen Erwerbsleben und Ruhestand zu ermöglichen. Dazu gehören auch Anpassungen im Lohngefüge, um der abnehmenden Produktivität älterer Mitarbeiter Rechnung zu tragen, und Entlastungen bei Steuern und Abgaben. Weitere Maßnahmen sind gezielte Weiterbildungsmaßnahmen auch für ältere Menschen, um sie für den Arbeitsmarkt fit zu machen. Auch die Unternehmen müssen ihre Anstrengungen intensivieren, Arbeitsplätze so zu gestalten, dass sie auch für ältere Arbeitnehmer attraktiv sind, und bereits frühzeitig entsprechende Qualifizierungsmaßnahmen anstoßen.[22]

Überlegungen zur Steigerung der Beschäftigungsquote im Kreis der 20- bis 66-Jährigen sind seit Jahren Gegenstand verschiedener Studien und Vorschläge. Deshalb ist dieses Thema es auch mehr eine Frage des Handelns als der fehlenden Analyse.[23] Folgende Maßnahmen bieten sich an:

- Entlastung der Arbeitnehmer von Abgaben und Steuern, um so einen stärkeren Anreiz zu geben, am Arbeitsprozess teilzunehmen.
- Flexibilisierung des Übergangs von Teil- in Vollzeit und wieder zurück; generell das Zulassen flexiblerer Arbeitsformen.
- Erhöhung der Zahl berufstätiger Frauen. Lag die Erwerbstätigenquote im Jahr der Wiedervereinigung nur bei 57 Prozent, so ist sie bis 2018 auf gut 72 Prozent gestiegen. Diese Entwicklung muss sich fortsetzen. Dazu geeignete Maßnahmen sind bessere Betreuungsangebote für Kinder, Erleichterungen des Übergangs von Teilzeit in Vollzeit und geringere Grenzbelastungen der Einkommen.[24]

- Reduktion der Zahl der Langzeitarbeitslosen. Trotz der guten Konjunkturentwicklung sind mehrere 100 000 Menschen seit mehr als einem Jahr arbeitslos. Hier müssen die Anstrengungen erhöht werden, um diese Menschen auch in Arbeit zu bringen. Dazu gehört auch mehr Druck – so unwillkommen dieser Gedanke einigen erscheint.
- Schnelle Integration der Zuwanderer in den Arbeitsmarkt. Dies gilt vor allem für die bereits zugewanderten Menschen. Dies beinhaltet stärkere Anreize zum Spracherwerb und zur Qualifikation.

Alle genannten Punkte sind intuitiv sofort nachvollziehbar. Wie abschreckend der Übergang in das Erwerbsleben unter Berücksichtigung der Abgabenbelastung sein kann, zeigen die folgenden Berechnungen:[25]

Wenn ein alleinstehender Hartz-IV-Empfänger Arbeit aufnimmt, darf er die ersten 100 Euro behalten, danach werden die Transferzahlungen drastisch zurückgefahren. Bei einem Einkommen zwischen 100 und 1 000 Euro bleiben faktisch nur 20 Prozent netto mehr, zwischen 1 000 und 1 200 Euro nur 10 Prozent und zwischen 1 200 und 1 420 Euro verbleibt nichts mehr bei dem früheren Hartz-IV-Empfänger. Die Daten des Instituts für Arbeitsmarkt- und Berufsforschung (IAB) zeigen ähnliche Ergebnisse für Familien. So hat beispielsweise eine Familie mit zwei Erwachsenen und zwei Kindern ein monatliches verfügbares Einkommen im Bereich zwischen 2 000 und 2 500 Euro, unabhängig davon, ob 3 000 Euro Bruttoeinkommen verdient werden oder gar keiner Erwerbstätigkeit nachgegangen wird. Dabei ist der Verlauf der Nettoeinkommen keineswegs linear, es gibt sogar im Bereich von von 2 500 Euro brutto eine Schwelle, ab der das Nettoeinkommen sinkt, wenn das Bruttoeinkommen steigt.[26] Das ist eklatantes politisches Versagen und zugleich eine enorme Bremse für eine höhere Erwerbsbeteiligung.

Hier zeigt sich, dass wir den demografischen Wandel mit relativ einfachen Eingriffen noch bewältigen können – sowohl den Rückgang der Erwerbsbevölkerung als auch den Anstieg der Kosten einer alternden Gesellschaft. Bisher hat unsere Politik gehofft, sie könne so weiter machen wie bisher. Vor allem hat sie sich nicht getraut, unpopuläre Entscheidungen zu treffen. Nun, nach dem Corona-Schock und flankiert von der Möglichkeit nachhaltig höherer Staatsausgaben aufgrund der Politik auf europäischer und internationaler Ebene, kann die Politik entsprechende Anreize setzen und sollte das auch tun.

Doch nicht nur die Jahresarbeitsleistung ist relevant, sondern vor allem die Frage, wie produktiv die geleistete Arbeit ist. Nach Berechnungen des Bundeswirtschaftsministeriums stieg die Erwerbstätigenproduktivität in Deutschland von 1992 bis 2016 um durchschnittlich 0,9 Prozent pro Jahr, deutlich schwächer als in vergleichbaren Ländern, wo die Rate bei 1,3 Prozent lag.[27] Die Hebel zur Steigerung der gesamtwirtschaftlichen Produktivität sind bekannt: mehr Investitionen von Staat und Privatsektor, eine bessere Ausbildung der Bevölkerung, Förderung von Forschung und Innovation und angesichts der bevorstehenden Welle an Automatisierung und Digitalisierung eine Förderungen dieser Technologien. Gerade eine alternde Gesellschaft sollte darin eine enorme Chance und keine Bedrohung sehen. Zu jedem dieser Punkte ließe sich ein eigenes Buch verfassen.

Im Kern bedeutet die Stärkung der Wachstumskräfte, so viele Menschen wie möglich dazu zu motivieren, am Erwerbsleben teilzunehmen und ihre Produktivität zu steigern. Dies spricht für geringere Abgaben, einen leichteren Übergang ins Erwerbsleben, mehr Investitionen und Ausgaben für Bildung und Innovationen. Hier dürfen wir in der Post-Corona-Welt keine politischen Parolen verbreiten, sondern müssen handeln.

Effizienz steigern

Es gibt eine lange Liste weiterer Themen, die in den vergangenen Jahren von der Politik in Deutschland nicht angepackt wurden. Ich erinnere an die mehr als peinliche Diskussion über die Größe des Bundestages und die längst überfällige Reduktion der Zahl der Bundesländer. Wir sollten den Schwung des Schocks nutzen, um endlich zu handeln.

Ebenso wichtig ist, dass wir uns als Land professionell managen. Ich habe in diesem Buch an verschiedenen Stellen gezeigt, dass wir längst nicht so gut dastehen, wie es die Politik vermittelt und wie es oberflächlich erscheint. Deshalb ist es dringend erforderlich, dass die Politik sich nicht weiterhin weigert, eine ordentliche Buchführung auch im öffentlichen Sektor vorzunehmen. Heute arbeitet der Staat noch nach der Methodik der »Kameralistik«, womit nur auf die laufenden Einnahmen und Ausgaben geblickt wird. Würde der Staat – wie übrigens von der EU gefordert – eine ordentliche Bilanz aufstellen, so wie es für Unternehmen verbindlich ist, so würde man sofort sehen, ob und wie bestimmte Entscheidungen auf das Vermögen des Staates wirken. Unterlassene Investitionen reduzieren das Vermögen, Versprechen wie die Grundrente erhöhen die Verbindlichkeiten, weil sie erhebliche künftige Lasten darstellen. Doppelte Buchführung – schon von Goethe als hohe Kunst gelobt – würde dem Treiben der Politik, die wahren Kosten von Entscheidungen zu verschleiern, einen Riegel vorschieben.

In die gleiche Richtung geht ein anderer Gedanke: Es sollte verpflichtend sein, dass wir uns mit anderen Ländern vergleichen und von diesen lernen. Beispiel wäre die elektronische Gesundheitsakte, die bei uns immer noch diskutiert und in Finnland seit Jahren eingesetzt wird.

Außerdem sollten wir aufpassen, dass die lauten »Wir brauchen mehr Staat«-Rufe nicht aus dem Ruder laufen. Denn dann bekommen wir nicht mehr und besser bezahlte Pflegekräfte, die wir uns zu Recht wünschen, sondern eine weitere Aufblähung der Verwaltung. Ein paar Fakten zur Standortbestimmung:

Die Verwaltungsausgaben für den Sozialstaat sind seit 1970 um 40 Prozent schneller als das BIP gestiegen.[28] Das lässt sich nicht mit einem größeren Sozialstaat erklären, sondern deutet darauf hin, dass wir immer mehr Menschen beschäftigen, um die Umverteilung zu organisieren. Es dürfte auch nicht daran liegen, dass die Staatsdiener weniger arbeiten als früher. Vielmehr dürfte die Ursache darin zu suchen sein, dass die Gesetze immer komplizierter und umfangreicher geworden sind. Wir brauchen also ein Programm zur Reduktion von Komplexität.

Und auch in der Verwaltung des Gesundheitswesens können wir sparen oder durch eine Umschichtung von Mitteln erhöhte Ausgaben im Pflegebereich auffangen. Deutschland leistet sich (Stand 2017) elf Allgemeine Ortskrankenkassen, 85 Betriebskrankenkassen und je sechs Ersatz- und Innungskassen. Ich selber bin zwar ein großer Freund von Wettbewerb, denke aber, dass ein freier Markt in diesem Feld schon längst zu vier bis fünf starken und vor allem kosteneffizienten Anbietern geführt hätte.[29] Dass ein solcher Wildwuchs sich beschneiden lässt, hat Österreich vorgemacht. Anstelle von 21 Sozialversicherungsträgern gibt es dort nunmehr fünf. Neun regionale Krankenkassen wurden zu einer einzigen zusammengelegt. Verbunden damit war eine Reduktion der Aufsichtsgremien, ein bei Politikern besonders unbeliebter Punkt, fallen doch Versorgungsposten weg. Eigentlich sollten wir es schon deshalb tun.

Ein umfangreiches Programm zur Effizienzsteigerung unserer öffentlichen Verwaltung ist angezeigt. Die Potenziale sind groß und sollten genutzt werden. Auch hier liegt eine Chance für einen Neustart nach der Krise.

Vermögen bilden und sichern

Mehrfach habe ich darauf hingewiesen, dass wir Deutsche relativ zu unseren europäischen Nachbarn über geringere Vermögen verfügen. Nach neuesten Zahlen des Credit Suisse Global Wealth Reports liegt die Relation des Vermögens zum BIP in Italien beim 5,5-Fachen. Damit liegt Italien noch vor der Schweiz. Gleich danach folgt Spanien mit 5,3. Deutschland liegt nach dieser Berechnung weit abgeschlagen mit einem Wert von 3,8 hinter Ländern wie Großbritannien, Frankreich, den USA und Japan (siehe Abbildung 16).[30]

Ausgewählte Jahre und Länder

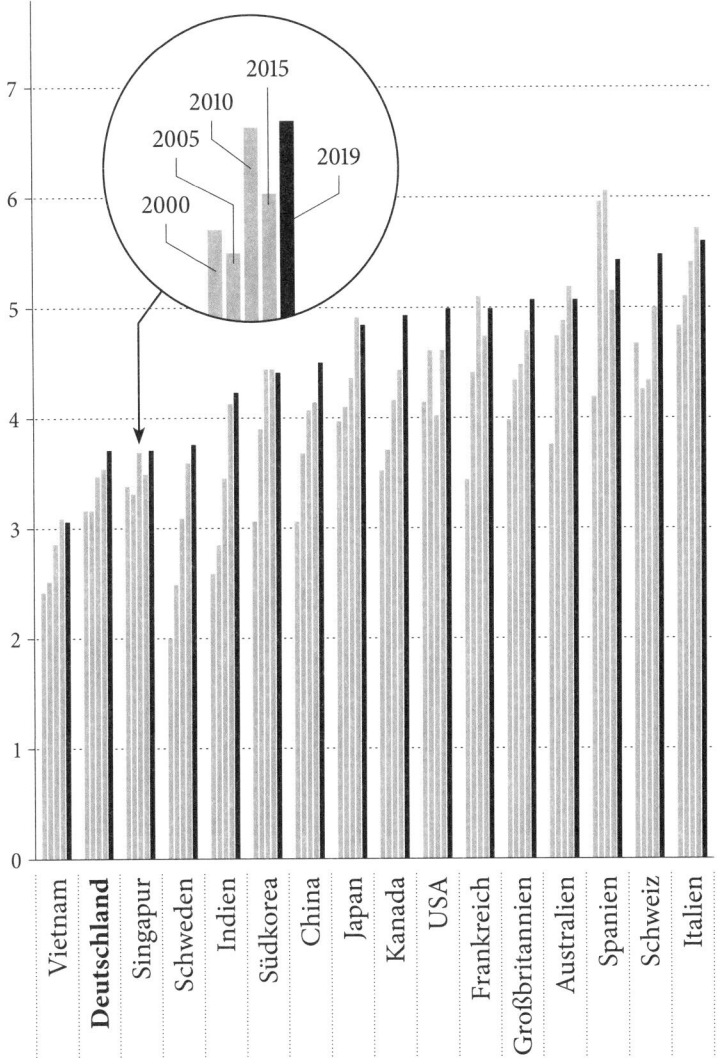

Abb. 16: Verhältnis zwischen Vermögen und BIP

Quelle: James Davies, Rodrigo Lluberas und Anthony Shorrocks
> Global Wealth Databook 2019

Zu den gleichen Aussagen kommt die EZB. Demnach liegt das Median-Vermögen deutscher Privathaushalte bei 60 800 Euro, in Italien bei 146 200 Euro und in Spanien bei 159 600 Euro. Selbst in Frankreich ist es mit 113 300 Euro noch deutlich höher.[31] An dieser Tatsache ändert sich auch nicht viel, wenn man die neueren Zahlen der Bundesbank heranzieht, wonach das Median-Vermögen in den letzten Jahren auf 70 800 Euro gestiegen ist.[32]

Die Ursachen sind vielfältig. So haben wir es mit einer im internationalen Vergleich relativ hohen Steuer- und Abgabenbelastung zu tun. Zum anderen ist auch die Art der Besteuerung sehr unterschiedlich. Italien hat zum Beispiel in der Summe eine höhere Abgabenbelastung als Deutschland, schont allerdings die Vermögen. Beispiel Erbschaftsteuer: Nehmen wir an, Sie erben zehn Millionen Euro von ihrem Großvater. Dann haben Sie einen Freibetrag von 200 000 Euro und zahlen nach Tarif der Steuerklasse I 2,25 Millionen Euro Erbschaftsteuer. Wären Sie Italiener, dann würde es sich so darstellen: Nach einem Freibetrag von einer Million würden sie auf den verbliebenen Betrag eine Erbschaftsteuer von vier Prozent bezahlen, also 360 000 Euro. Dieser Satz gilt für jedes beliebige Vermögen. Selbst entfernte Verwandte oder Fremde kommen in Italien mit Steuern von acht Prozent davon, während in Deutschland Sätze von bis zu 50 Prozent aufgerufen werden.

Weitere Gründe für die relativ geringen Vermögen hierzulande sind die Folgen von Kriegen und Teilung und die im internationalen Vergleich geringe Immobilieneigentumsquote. Rund 6 500 Milliarden Euro sind derweil in Form von Bargeld, Wertpapieren, Bankeinlagen sowie Ansprüchen gegenüber Versicherungen angelegt. Weniger als ein Viertel der Sparer hat auch Aktien oder Investmentfonds.[33] Angesichts der jüngsten Turbulenzen an den Börsen werden nicht wenige sagen »Gott sei Dank«. Doch das ist ein großer Fehler. Es mangelt nicht an Studien, die eindeutig zeigen, dass diese »Sicherheit« teuer erkauft und noch dazu eine Illusion ist. Nehmen wir als einen Datenpunkt die Erträge verschiedener Anlageklassen im Zeitraum von 1870 bis 2015:[34]

- Der reale Ertrag »sicherer« Anlagen war im betrachteten Zeitraum gering. Staatsanleihen erbrachten im Durchschnitt ein Prozent pro Jahr und Unternehmensanleihen 2,5 Prozent. Obwohl die Schwankungen geringer waren als bei Aktien und Immobilien, bot diese Anlageklasse keinen Schutz vor erheblichen Vermögensverlusten in Inflationszeiten. Auf heute bezogen muss man feststellen, dass nicht nur die Realzinsen deutlich negativ sind, sondern auch die Nominalzinsen. Anleihen bringen also einen garantierten Verlust.
- Demgegenüber liegt der langfristige Ertrag vermeintlich »weniger sicherer« Anlagen in Form von Immobilien und Aktien bei sechs bis acht Prozent pro Jahr. Ein sehr robuster und stabiler Ertrag. Die Schwankungen von Aktien waren dabei größer als jene von Immobilien, aber bei ausreichender Haltedauer ist man immer besser gefahren als mit den vermeintlich sicheren Anleihen.

Der Unterschied im Ergebnis ist erheblich. Legt man 1000 Euro an und reinvestiert den jährlichen Ertrag, so hat man bei einer Anlage zu einem Zinssatz von einem Prozent nach dreißig Jahren ein Vermögen von 1350 Euro. Legt man sein Geld zu sechs Prozent an, so wächst das Vermögen auf 5743 Euro an.

War es in den letzten Jahrzehnten schon falsch, das Geld so anzulegen, so wird es in Zukunft ein noch größerer Fehler sein! Denn auch dann, wenn die Maßnahmen der Staaten und die absehbare Monetarisierung kurzfristig nicht inflationär wirken, können wir mit Sicherheit davon ausgehen, dass sie am Ende die Inflation doch anheizen. Einfach deshalb, weil die Politik den Ausstieg aus den Maßnahmen so weit wie möglich aufschieben wird und zugleich, weil Inflation dringend erwünscht ist, um die Schulden zu entwerten. Nach der Finanzkrise ist das nicht gelungen, weil das Geld im Finanzsystem stecken blieb. Jetzt trifft es auf eine Realwirtschaft, deren Produktionspotenzial durch die Corona-Krise geschädigt ist, und zugleich werden weitere Maßnahmen der Politik – Stichwort Bekämpfung des Klimawandels – vorhandene Assets entwerten und zu Investitionen zwingen. Damit kommt Inflation.

Auf diese Entwicklung müssen wir uns einstellen. Wir brauchen einen höheren Anteil an Investitionen in Sachwerte wie Aktien und Immobilien. Den Kauf von Immobilien sollte die Politik fördern, indem sie die Transaktionskosten deutlich reduziert bzw. beim Erwerb des Erstwohnsitzes auf null senkt. Zugleich sollten die Finanzierungskosten steuerlich abzugsfähig gemacht werden.

Kommen wir zum traurigsten Teil der Vermögensbildung bei uns, dem deutschen Auslandsvermögen. Indirekt sind wir alle über unsere Ersparnisse internationale Investoren. Denn unsere Kapitalsammelstellen – Banken, Versicherungen, Unternehmen und Pensionsfonds – legen jedes Jahr Milliarden an Euro für uns im Ausland an. Da wir seit Jahren Handelsüberschüsse aufweisen, exportieren wir auch seit Jahren Kapital in erheblichem Maße ins Ausland. Mittlerweile haben wir nach Japan das zweitgrößte Nettoauslandsvermögen mit fast 2 500 Milliarden US-Dollar. Pro Jahr addieren wir rund 300 Milliarden dazu.[35]

Ein Team von Ökonomen hat sich den Erfolg der deutschen Kapitalanlage im Ausland gründlich angeschaut.[36] Dabei zeigte sich, dass wir bei unserer internationalen Geldanlage ähnlich erfolglos sind wie die privaten Haushalte bei der Anlage ihrer Ersparnisse. So wächst das Auslandsvermögen zwar kontinuierlich, aber nur deshalb, weil wir jedes Jahr als Folge weiterer Exportüberschüsse neue Ersparnisse hinzufügen. Der Ertrag, den wir mit dem Vermögen erzielen, ist verglichen damit gering.

Andere Länder sind mit der Anlage ihres Auslandsvermögens deutlich erfolgreicher. Seit 1975 lag unsere jährliche Rendite um fünf Prozentpunkte unter jener, die die USA erwirtschafte, und immer noch drei Prozentpunkte unter der Rendite, die die anderen europäischen Länder im Durchschnitt erwirtschaften. Allein in der Zeit seit der Finanzkrise hätte Deutschland zwischen zwei und drei Billionen Euro zusätzliches Vermögen aufbauen können, hätten wir unser Geld ähnlich gut angelegt wie Kanada oder Norwegen. Pro

Kopf der hiesigen Bevölkerung entspricht das 28 000 bis 37 500 Euro! Auf einen Schlag wären wir doppelt so vermögend wie wir heute sind. An dieser Einschätzung ändert auch die Tatsache nichts, dass natürlich auch Staatsfonds wie der von Norwegen in der Krise temporär Buchverluste erlitten haben.

Wir sollten uns am Vorbild anderer Länder orientieren und einen »Staatsfonds« auflegen. Schon 2013 schlugen die Ökonomen Daniel Gros und Thomas Mayer einen solchen Fonds vor:[37] »Erreicht würde dies dadurch, dass ein zu gründender deutscher Vermögensbildungsfonds im Inland langlaufende Anleihen zur privaten Altersvorsorge mit einem garantierten positiven Realzins anbietet. Damit die Garantien des Staatsfonds langfristig nicht im Trend relativ zum Bruttoinlandsprodukt wachsen, könnte sich der Realzins am deutschen Potenzialwachstum von etwa einem Prozent pro Jahr orientieren. Darüber hinausgehende Anlageerfolge könnten den Sparern als Boni gutgeschrieben werden. (…) Die aufgenommenen Mittel würde der Fonds langfristig in Beteiligungen an Unternehmen und öffentlicher Infrastruktur im In- und Ausland anlegen. Die globale Allokation der Mittel könnte sich an der Größe des Bruttoinlandsprodukts der Länder orientieren. Da der Vermögensfonds wegen seiner größeren Möglichkeit zur Diversifizierung und seines längeren Anlagehorizonts die mit Anlagen in Unternehmensbeteiligungen und Infrastrukturprojekten verbundenen höheren Risiken besser tragen kann als der Privatinvestor, kann er diesem die einem Aktienportfolio entsprechende Rendite bei dem einem Rentenportfolio entsprechenden Risiko bieten.«

Das ist alles so einleuchtend, dass man sich fragt, warum wir das nicht schon lange machen. Vor allem, weil es mittlerweile eine Vielzahl von Studien gibt, die zu demselben Schluss kommen.[38]

Alternativ könnten wir auch hierzu die TARGET2-Forderungen der Bundesbank mobilisieren. Die Bundesbank müsste einfach eine Überweisung ins Ausland tätigen und von dort aus in ein global diversifiziertes Aktienportfolio investieren.[39] Also genau das tun, was auch andere Notenbanken wie die Schweizer Nationalbank seit Langem tun. Das ist mit Blick auf die absehbare Inflation eine ebenso richtige Diversifikation aus dem garantierten Verlust (Geldanlage zu Nullzins) in einen bei einem ausreichend langen Anlagehorizont garantierten Gewinn. Wir würden dabei doppelt profitieren: zunächst von der deutlich günstigeren Bewertung von Aktien nach dem Einbruch im Frühjahr 2020 und sodann von der Tatsache, dass wir am weltweiten Wohlstandszuwachs profitieren.

Existenzielle Weichenstellung

Deutschland steht vor einer existenziellen Weichenstellung und die Gefahr ist groß, dass die Weichen in die falsche Richtung gestellt werden und dass wir weiterhin – und noch mehr als in den letzten zehn Jahren – das tun, was künftigen Wohlstand mindert, statt ihn zu erhöhen.

Wir stehen vor einer massiven Veränderung der geldpolitischen Rahmenbedingungen. In einer Währungsunion sitzen wir mit Ländern in einem Boot, die eine andere Kultur und Geschichte im Umgang mit Staatsschulden und Krisen haben. Angesichts der Schuldenstände haben diese Länder auch realistischerweise keine andere Wahl. Deshalb gilt für Deutschland:

- Senken der eigenen Staatsverschuldung durch Teilnahme an dem Schuldentilgungsfonds.
- Hilfe für andere Länder über Mobilisierung der TARGET2-Guthaben.
- Im Inland ein Programm zur Sicherung künftigen Wohlstands beginnen: Investitionen, geringere Steuern und Abgaben, bessere Rahmenbedingungen für private Investitionen.
- Förderung privater Vermögensbildung.
- Professionelles Management des Auslandsvermögens.

Leider deutet die aktuelle politische Diskussion genau in das Gegenteil. »Stupid German Money« hieß es vor der Finanzkrise, wenn an der Wall Street gefragt wurde, wer denn den Wertpapierschrott kauft. »Stupid German Politics« dürfte die Antwort sein, wenn wir in zehn Jahren deutlich schlechter dastehen als die anderen Länder, die ihre Interessen intelligenter und konsequenter vertreten.

Corona als Katalysator für Wandel

Es gärt schon seit Langem in den Gesellschaften des Westens. Schwaches Wachstum, stagnierende Einkommen, zunehmend ungleiche Vermögensverteilung, steigende Verschuldung und wachsende Spekulation prägten das Umfeld. Alles Folgen der Verschleppung der Finanz- und Eurokrise.

Die heftige Wirtschaftskrise, in der wir uns befinden – die zweite Krise innerhalb von zehn Jahren – bringt die Themen nun auf den Tisch. Wie im Brennglas wird deutlich, dass die Politik sich um unangenehme und unpopuläre Entscheidungen gedrückt hat. Die Antworten zur Lösung dieser Probleme sind politisch auch nicht einfach. Geht es doch um eine Abkehr von der Droge des billigen Geldes, um echte Reformen zur Steigerung der Produktivität und um den Abbau der viel zu hohen Verschuldung. In Europa kommt das Konstrukt des Euro hinzu, dass statt zu einer Konvergenz zu einer zunehmenden Divergenz der Wirtschaften führt.

Aus der Sicht der Politik ist es ein Glücksfall, dass mit dem Virus ein externer Schock zur Krise geführt hat. Eine perfekte Ausrede, die es möglich macht, gleichzeitig auch die Folgen der falschen Politik der letzten Jahrzehnte, die auf immer höhere Schulden und immer größere ungedeckte Versprechen gesetzt hat, zu bereinigen.

Was bis vor Kurzem noch undenkbar schien, ist nun mit großer Wahrscheinlichkeit zu erwarten: Notenbanken, die Staaten in einem seit dem Zweiten Weltkrieg nicht mehr gesehenen Umfang finanzieren, Rufe nach Schuldensozialisierung im Euroraum, deren Erhörung bis vor Kurzem noch als chancenlos angesehen wurde.

Virus statt Krieg

Der Vergleich mit der Großen Depression der 1930er-Jahre liegt nahe. Ende der 1920er-Jahre hatte es die Welt ebenfalls mit einer hohen Verschuldung, zunehmender Spekulation und internationalen Ungleichgewichten zu tun. Der Crash stürzte die Welt in eine deflationäre Depression, die letztlich erst durch Aufrüstung und Krieg überwunden wurde – finanziert von den Notenbanken.

Doch das ist nicht die einzige Parallele. Damals wie heute befanden wir uns in einer Phase fundamentaler technologischer Umbrüche. Neue Industrien – Automobil, Chemie, Flugverkehr, um nur einige zu nennen – veränderten die Wirtschaft und das Leben der Menschen grundlegend. Phasen technologischen Umbruchs gehen ebenfalls einher mit erheblichen Turbulenzen an den Finanzmärkten und in der Realwirtschaft. Etablierte Industrien kämpfen um ihr Überleben und versuchen, sich in die neue Welt zu retten. Neue Industrien beginnen, sich mit immer mehr Kraft durchzusetzen. Nebenwirkung ist nicht selten, dass die alten Industrien versuchen, mit finanziellen Maßnahmen die eigenen Profite zu schönen, statt in neue Technologien zu investieren. Ein Phänomen, das wir in den letzten Jahren ebenfalls beobachten konnten.

Nun katalysiert die Krise den Wandel. Das werden wir ganz persönlich daran merken, dass sich viele Trends, die schon vor der Krise bestanden, beschleunigen, und andere sich umkehren. Einige Thesen:

- Die Digitalisierung und der Onlinehandel haben einen enormen Schub bekommen. Der Niedergang etablierter Anbieter war so oder so zu erwarten, jetzt kommt er schneller. Das Ladensterben in den Innenstädten wird zunehmen.

- Es hat sich gezeigt, dass man nicht immer zum Gesprächspartner reisen muss. Onlinekonferenzen sind eine gute Alternative zur Reise um die Welt. Die Fluglinien werden lange brauchen, um das Vorkrisenniveau wieder zu erreichen, wenn es ihnen überhaupt je gelingt.
- Es wurde bewiesen, dass die Arbeit im Home-Office nicht unbedingt weniger produktiv sein muss als die Arbeit im Büro. Damit wird das Home-Office der Gewinner der neuen Welt.
- Die Globalisierung gerät zusätzlich unter Druck. Wir sind bereit, höhere Kosten für die Produktion im eigenen Land hinzunehmen.
- Deshalb wird auch der Trend zur Automatisierung, zur Digitalisierung und zum Einsatz von Robotern nun deutlich vorangetrieben.
- Unternehmen werden wieder solider wirtschaften und sich krisenfester aufstellen: höhere Eigenkapitalquoten, stabilere Wertschöpfungsketten.
- Die Inflation kehrt zurück. Auch das war angesichts der Demografie zu erwarten, geschieht nun aber früher.

Wir können nur hoffen, dass unsere Politiker die Lehren aus den 1930er-Jahren weiterhin beherzigen. Was die Geldpolitik und die staatlichen Konjunkturprogramme betrifft, so haben sie es getan. Alles wird mobilisiert, um eine neue große Depression zu verhindern und die wirtschaftlichen Folgen für die Menschen zu begrenzen. Mindestens ebenso wichtig ist, dass sie weiterhin auf Kooperation statt Konfrontation setzen. Die Große Depression wurde noch größer, weil jedes Land für sich allein kämpfte. Schon vor Corona gab es einen Trend zu mehr Protektionismus. Und zwar nicht erst seit Donald Trump. Wenn nun selbst seriöse Zeitungen wie die *Washington Post* diskutieren, dass das Virus einem Labor der chinesischen Armee entsprungen sein könnte,[1] droht das Szenario eines heftigen Handelskriegs, der die Welt tatsächlich erneut in eine große Depression stürzen könnte.

Schon vorher haben weltweit die Eingriffe in den Handel seit der Finanzkrise deutlich zugenommen. Die Versuchung, noch protektionistischer zu werden, ist für Politiker groß. Wir sollten ihr widerstehen. Welche Rolle Deutschland spielen sollte, habe ich in diesem Buch beschrieben.

So bleibt die Zuversicht, dass es uns gelingt, die Phase der 1930er zu überspringen, um direkt in die Phase des Wiederaufbaus zu gelangen. Konkret bedeutet das eine Welt aktiver staatlicher Politik, großzügiger Notenbankunterstützung und damit einer breiten Belebung der Wirtschaft. Damit ist aber nicht gemeint, dass der Staat nun Wirtschaft »machen« soll. Das wäre ein Fehler. Der Staat kann aber die Rahmenbedingungen setzen. Neue Technologien stehen in den Startlöchern, um eine breite industrielle Revolution in Gang zu setzen.

Diese Technologien sind überwiegend schon jetzt wettbewerbsfähig. Sie brauchen also keine Subventionierung. Sie benötigen eine Rahmensetzung, die einen Anstoß gibt, auf das Neue überzuwechseln. Wie groß das Potenzial ist, über Innovationen den Wohlstand zu steigern und zugleich etwas für die Umwelt zu tun, zeigt der Zukunftsforscher Tony Seba in seinen beeindruckenden Präsentationen.[2] Auf einer Darstellung zeigt er zwei Fotos von der New Yorker 5th Avenue. Zum ersten fragt er: Können Sie das Auto sehen? Eines unter Hunderten von Pferden. Zum zweiten fragt er: Können Sie das Pferd sehen? Eines unter zahllosen Autos. Zwischen den Abbildungen liegen keine zehn Jahre.

Er rechnet an vielfältigen Innovationen vor, dass diese nicht nur dem Kunden mehr Nutzen geben, sondern zugleich deutlich günstiger sind als die existierende Technologie. Das überrascht nur jene, die sich nicht vorstellen können, wie technologischer Fortschritt wirkt.

Gleiches gilt auch für das andere große Thema unserer Zeit. Die Bekämpfung des Klimawandels wird, nachdem die Epidemie bewältigt ist und die unmittelbaren Folgen für die Wirtschaft bereinigt sind, wieder auf die Agenda kommen. Wenn wir optimistisch sind, in einer Bereitschaft für mehr und nicht weniger internationale Kooperation bei diesem Thema. Auch hier wird die Antwort der technologische Fortschritt sein. Schon jetzt sind vielfältige Technologien verfügbar, die dabei helfen können, den Ausstoß von CO_2 deutlich zu reduzieren. Deshalb muss die Politik – gerade in Deutschland – der Versuchung widerstehen, den genauen Weg der CO_2-Reduktion vorzuschreiben. Niemand weiß, welche Technologie sich wie schnell durchsetzen wird. Deshalb genügt es, einen klaren Rahmen zu setzen, was nichts anderes bedeutet, als mit einem Preis für CO_2 gegen den Ausstoß zu arbeiten. Daneben sollten die staatlichen Mittel in Forschung und Innovation fließen.

So könnte der Kampf gegen den Klimawandel, ähnlich wie der Wiederaufbau nach dem Zweiten Weltkrieg, die Verbreitung neuer Technologien fördern und das Wirtschaftswachstum beleben. Höhere Produktivitätszuwächse und damit steigende Pro-Kopf-Einkommen wären dann ebenfalls denkbar.

Dies trotz eines unvermeidlichen Trends zur De-Globalisierung. Schon seit der Finanzkrise erleben wir einen Rückgang der Globalisierung. Der Welthandel hat sich nie wirklich von dem Schock erholt. Klimaschutzüberlegungen und steigende CO_2-Preise taten ihr Übriges. Wie auch der technologische Fortschritt bei den Produktionsverfahren. Der Corona-Schock hat uns vor Augen geführt, wie anfällig globale Lieferketten gerade bei kritischen Gütern – Arzneimittel, Medizintechnik, Schutzkleidung – sind. Damit wird auch dieser Trend eine Beschleunigung finden. Eine Chance für Länder, die sich darauf frühzeitig einstellen.

Der Aufstieg Asiens

In einer weiteren Hinsicht ähnelt die heutige Situation jener von vor 90 Jahren. Damals wurde die alte Weltmacht Großbritannien von den USA abgelöst. Heute haben wir mit China zumindest einen ernst zu nehmenden Rivalen. Zwar hat China mit einer alternden Gesellschaft und einer ebenfalls hohen Verschuldung zu kämpfen, auch liegt das chinesische BIP pro Kopf noch deutlich unter dem Niveau der USA oder Deutschlands. Andererseits aber schickt sich das Land, getragen von einem hohen Bildungsniveau und enormer Arbeitsbereitschaft, an, nicht länger nur die verlängerte Werkbank des Westens zu sein, sondern in wichtigen Zukunftstechnologien die Führung zu übernehmen. Man denke nur an die Diskussion über die fehlende Alternative zum chinesischen Huawei-Konzern beim Aufbau der Mobilfunknetze der fünften Generation.

Obwohl die Corona-Krise in China ihren Ursprung nahm, muss man festhalten, dass das Land die Krise bisher deutlich besser meisterte als wir im Westen. Im direkten Vergleich mit den USA kann man nur zu dem Schluss kommen, dass der Westen sich bei der Bekämpfung der Epidemie blamiert. Wie es besser gegangen wäre, haben Chinas Nachbarländer Taiwan, Vietnam, Hongkong und Singapur gezeigt. Mit konsequenten Maßnahmen gleich zu Beginn der Epidemie schafften sie es, die Erkrankungszahlen gering zu halten.

Obwohl die Länder direkt an China angrenzen, liegen die Zahlen der Infizierten absolut und relativ zur Bevölkerung deutlich unter den Werten in Europa. Selbst Südkorea, besonders von der Epidemie getroffen – unter anderem aufgrund einer Massenhochzeit –, beweist, wie gut man eine Epidemie in den Griff bekommen kann. Die Todesrate liegt deutlich unter der in anderen Ländern. Allerdings wird erst die Zukunft zeigen, ob diese Maßnahmen dauerhaft Erfolg haben. So musste Singapur trotz der anfänglich erfolgreichen Politik angesichts einer erneuten Infektionswelle Anfang April 2020 auch zu radikaleren Mitteln wie der Schließung von Geschäften greifen.

Der Anfangserfolg der Asiaten ist kein Zufall. Sie haben Erfahrungen mit SARS gemacht und daraus Schlüsse gezogen. Damit liegt die Systemfrage auf dem Tisch und der Westen macht keine gute Figur. Wir müssen beweisen, dass die offene Gesellschaft die Nachteile beim Überwachen und Durchsetzen von Maßnahmen, um die Pandemie zu bekämpfen, gegenüber eher autoritär geführten Staaten kompensieren kann.

Was die Herausforderung bedeutet, ist klar: Der Westen muss die Krise gemeinsam bewältigen, so ärgerlich das im Detail auch sein mag. Ich denke an die Hilfe für die deutlich vermögenderen Italiener. Denn die Alternative ist eine Spaltung, die sich auch in Europa zeigen könnte. China steht bereit, diese Spaltung zu fördern, und die Gefahr ist real, dass die Chinesen die Krise in der EU dazu nutzen, sich Unternehmen und andere wichtige Assets, wie zum Beispiel Häfen, zu sichern. Das gilt es, gemeinsam zu verhindern – nicht aus protektionistischen Gründen, sondern zur Sicherung des europäischen Zusammenhalts.

Weihnachten ist es vorbei?

Die Corona-Pandemie ist glücklicherweise nicht so schlimm wie ein Krieg. Es gibt keine Zerstörung und wohl auch deutlich weniger Verluste an Menschenleben. Doch wie bei Kriegen könnte die Erwartung »Weihnachten ist es vorbei« falsch sein. Wissen wir doch aus früheren Pandemien, wie der Spanischen Grippe von 1918, dass diese in Wellen auftreten und dass die zweite und dritte Welle weitaus mehr Opfer fordern als die erste. Mit Glück bleibt uns das dank der radikalen Maßnahmen und der raschen Entwicklung von Medikamenten und Impfstoffen erspart. Es hängt auch davon ab, ob die Politik die richtigen Entscheidungen trifft. Dazu gehört auch die Entscheidung, wann der ökonomische Schaden nicht mehr gerechtfertigt ist.

Wir müssen uns darauf einstellen, dass uns das Virus noch länger beschäftigen wird. Das ändert aber nichts daran, dass wir wirtschaftlich und gesellschaftlich in eine neue Phase eintreten. »Krise als Chance« – keine Aussage dürfte so abgedroschen sein. Sie stimmt dennoch. Coronomics für alle.

Anmerkungen

Das Virus, das auf eine geschwächte Wirtschaft traf

1 Die Berechnungen zur Wachstumslücke relativ zum sogenannten Trendwachstum stammen von der Rabobank, abrufbar unter https://think-beyondtheobvious.com/was-erwartet-uns-im-neuen-jahrzehnt-ein-wirtschaftlicher-ausblick-i/

2 Ausführlich dazu: Daniel Stelter, »Das Märchen vom reichen Land«, München 2018

3 Ausführlich dazu: Daniel Stelter, »Eiszeit in der Weltwirtschaft«, Frankfurt 2016

4 Financial Times: »The post-recession slowdown is structural«, 10. Dezember 2014, abrufbar unter http://blogs.ft.com/andrew-smithers/2014/12/the-post-recession-slowdown-is-structural/

5 DIW Wochenbericht Nr. 33/2019, S. 577, abrufbar unter https://www.diw.de/sixcms/detail.php?id=diw_01.c.672502.de

6 IAB: »GDP-Employment Decoupling and the Slow-down of Productivity Growth in Germany«, Dezember 2019, abrufbar unter http://doku.iab.de/discussionpapers/2019/dp1219.pdf

7 Sidney Homer, Richard Sylla, »A History of Interest Rates«, Hoboken, 2005

8 Financial Times, The seeds of the next debt crisis, 4. März 2020, abrufbar unter https://www.ft.com/content/27cf0690-5c9d-11ea-b0ab-339c2307bcd4

9 Bank für Internationalen Zahlungsausgleich (BIZ), »About property price statistics«, abrufbar unter https://www.bis.org/statistics/pp.htm

10 Ausführlich dazu: Daniel Stelter, »Die Schulden im 21. Jahrhundert«, Frankfurt 2014

11 Bridgewater Daily Observations, Populism: »The Phenomenon«, 22. März 2017, abrufbar unter https://www.bridgewater.com/resources /bwam032217.pdf

12 CNBC, »World leaders must identify an ›inclusive‹ approach to globalization at Davos, WEF founder says«, Januar 2019, abrufbar unter https://www.cnbc.com/2019/01/17/davos-wef-founder-says-world-leaders-must-identify-new-approach-to-globalization.html

13 Internationaler Währungsfonds, World Economic Outlook Update , »Tentative Stabilization«, Sluggish Recovery, Januar 2020, abrufbar unter https://www.imf.org/en/Publications/WEO

14 OECD, Economic Outlook, »Rethink Policy for a Changing World«, November 2019, abrufbar unter http://www.oecd.org/economic-outlook/november-2019/

Anfälliges Finanzsystem

1 Boston Consulting Group (BCG): »What the Coronavirus could mean for the global economy«, 3. März 2020, abrufbar unter https:// hbr.org/2020/03/what-coronavirus-could-mean-for-the-global-eco nomy?utm_medium=Email&utm_source=esp&utm_campaign= covid&utm_description=featured_insights&utm_topic=covid& utm_geo=global&utm_content=202003&utm_usertoken=d7f2784 bc0bee7eac8e585f95fe5ba809571ce5a

2 beyond the obvious, »Coronavirus, Statusbestimmung zum Wochenanfang«, 9. März 2020, abrufbar unter: https://think-beyondtheob vious.com/corona-virus-statusbestimmung-zum-wochenanfang/

3 Financial Times, »The seeds of the next debt crisis«, 4. März 2020, abrufbar unter https://www.ft.com/content/27cf0690-5c9d-11ea-b0ab-339c2307bcd4

4 Internationaler Währungsfonds (IWF), »Global Financial Stability Report«, Oktober 2019, abrufbar unter https://www.imf.org/en/Publications/GFSR/Issues/2019/10/01/global-financial-stability-report-october-2019

5 Daniel Stelter, manager magazin, »Löst General Electric die nächste Finanzkrise aus?«, 21. August 2019, abrufbarunter https://www.manager-magazin.de/finanzen/artikel/general-electric-siemens-konkurrent-als-weltfinanzrisiko-a-1282737.html

6 Irving Fisher, Econometrica, Vol 1 (4), S. 337-357, The Debt-Deflation Theory of Great Depressions, Oktober 1933

7 Money and Banking, »COVID-19 Stress Test«, 30. März 2020, abrufbar unter https://www.moneyandbanking.com/commentary/2020/3/29/covid-19-stress-test

Das Virus als ultimativer Schock

1 Als »schwarzen Schwan« bezeichnet man in der Wirtschaft und an der Börse hochgradig unwahrscheinliche Ereignisse. Geprägt wurde der Begriff von Nassim Nicholas Taleb mit seinem 2007 erschienenen gleichnamigen Buch. Taleb selbst weist allerdings darauf hin, dass der Begriff »schwarzer Schwan« nur auf unvorstellbare Ereignisse zutrifft, während die Pandemie vorhersehbar war und Staaten wie Singapur sich darauf vorbereitet haben. NZZ, »Die Corona-Pandemie ist kein schwarzer Schwan: Warum 2020 nach Nassim Taleb nicht mit 2008 zu vergleichen ist«, 27. März 2020, abrufbar unter https://www.nzz.ch/feuilleton/kein-schwarzer-schwan-nassim-taleb-ueber-die-corona-pandemie-ld.1548877

2 Handelsblatt, »Ökonom Felbermayr erwartet die Mutter aller Rezessionen«, 17. März 2020, abrufbar unter: https://www.handelsblatt.com/politik/deutschland/coronavirus-oekonom-felbermayr-erwartet-die-mutter-aller-rezessionen/25654514.html?ticket=ST-2133679-5NO34fk7zF3OleVMSGez-ap1

3 Statista: »Durchschnittliche Eigenkapitalquoten mittelständischer

Unternehmen in Deutschland nach Beschäftigungsgrößenklassen 2006 bis 2018«, abrufbar unter https://de.statista.com/statistik/da ten/studie/150148/umfrage/durchschnittliche-eigenkapitalquote-im-deutschen-mittelstand/

4 Der Treasurer: »LBBW-Umfrage: Deutsche Unternehmen halten zu viel Liquidität«, 16. März 2018, abrufbar unter https://www.der treasurer.de/news/cash-management-zahlungsverkehr/lbbw-unter nehmen-halten-zu-viel-liquiditaet-61971/

Künstliches Koma für die Wirtschaft

1 Bundesfinanzministerium, »Corona-Schutzschild«, 27. März 2020, Stand 3. April 2020, abrufbar unter https://www.bundesfinanzmi nisterium.de/Content/DE/Standardartikel/Themen/Schlaglichter/ Corona-Schutzschild/2020-03-13-Milliarden-Schutzschild-fuer-Deutschland.html

2 BR24.de, »Coronakrise: Banken verweigern Hilfskredite«, 2. April 2020, abrufbar unter https://www.br.de/nachrichten/wirtschaft/co ronakrise-banken-verweigern-hilfskredite,RuzqIiw

3 Henrik Müller, »Eine Corona-Treuhand-Anstalt«, manager maga-zin, 22. März 2020, abrufbar unter https://www.manager-magazin. de/politik/weltwirtschaft/coronavirus-wir-brauchen-ein-corona-treuhand-anstalt-a-1305635.html

4 Bank for International Settlement, »BIZ Quartalsbericht September 2018«, abrufbar unter https://www.bis.org/publ/qtrpdf/r_qt1809_ de.htm

5 Der Spiegel (online), »Deutsche wollen mehr Staat«, 30. Oktober 2019, abrufbar unter https://www.spiegel.de/wirtschaft/soziales/deutsche-wollen-mehr-staat-statt-allzu-freien-markt-a-1293966.html

6 Welt »Esken verteidigt ›demokratischen Sozialismus‹«, 10. Januar 2020, abrufbar unter https://www.welt.de/politik/deutschland/ article204906442/Saskia-Esken-SPD-Vorsitzende-verteidigt-demo-kratischen-Sozialismus.html

7 Der Spiegel (online), »Versetzt die deutsche Wirtschaft in ein künstliches Koma«, 22. März 2020, abrufbar unter https://www.spiegel.de/wirtschaft/soziales/corona-rettungsplan-versetzt-die-deutsche-wirtschaft-in-ein-kuenstliches-koma-a-14514605-cb48-476c-9383-72616c21e2dd

8 Vitanet, Fünf Fragen und Antworten zum künstlichen Koma, abrufbar unter http://www.vitanet.de/krankheiten-symptome/kuenstliches-koma

9 Zeit online, »Miethaie gesucht«, 22. Mai 2016, abrufbar unter https://www.zeit.de/wirtschaft/2016-05/immobiliengeschaeft-mietpreise-mietpreisbremse-vermieter-profit/komplettansicht

10 Für Verbraucherdarlehensverträge hat die Bundesregierung ebenfalls die Möglichkeit der Stundung für drei Monate im Gesetz festgehalten.

Wer zumacht, muss auch wieder aufmachen

1 Oscar Jorda, Sanjay Singh, Alan Taylor, »Longer-Run Economic Consequences of Pandemics«, März 2020, abrufbar unter https://www.frbsf.org/economic-research/files/wp2020-09.pdf

2 The Economist, »In Europe, and around the world governments are getting tougher«, 19. März 2020, abrufbar unter https://www.economist.com/briefing/2020/03/19/in-europe-and-around-the-world-governments-are-getting-tougher

3 Tagesschau.de: »Mehr Intensivbetten und Beatmungsgeräte«, 2. April 2020, abrufbar unter https://www.tagesschau.de/inland/coronavirus-intensivbetten-deutschland-101.html

4 F.A.Z., »Bis wann reichen die Krankenhausbetten?«, 13. März 2020, abrufbar unter https://www.faz.net/aktuell/wirtschaft/corona-in-deutschland-bis-wann-reichen-die-krankenhaus-betten-16676537.html

5 Welt »Wir müssen Menschenleben und die Volkswirtschaft gleichzeitig retten«, 22. März 2020, abrufbar unter https://www.welt.de/

debatte/kommentare/article206709335/Gastbeitrag-Wir-muessen-Menschenleben-und-die-Volkswirtschaft-gleichzeitig-retten.html

6 ifo Institut, »Corona wird Deutschland Hunderte von Milliarden Euro kosten«, 23. März 2020, abrufbar unter https://www.ifo.de/node/53961

7 F.A.Z., »Ökonomen erwarten Wohlstandsverlust von bis zu 700 Milliarden Euro«, 23. März 2020, abrufbar unter https://www.faz.net/aktuell/wirtschaft/konjunktur/oekonomen-zu-corona-bis-zu-700-milliarden-euro-wohlstandsverlust-16692391.html?premium=-0x5f9cfd924e981480fa33c5e35ac20c16&GEPC=s5

8 Makronom, »Wie viel ›kostet‹ ein Mensch?«, 20. Mai 2019, abrufbar unter https://makronom.de/wie-viel-kostet-ein-mensch-31010

9 STAT, »A fiasco in the making? As the coronavirus pandemic takes hold, we are making decisions without sufficient data«, 17. März 2020, abrufbar unter https://www.statnews.com/2020/03/17/a-fiasco-in-the-making-as-the-coronavirus-pandemic-takes-hold-we-are-making-decisions-without-reliable-data/

Wer soll das bezahlen?

1 ifo Institut, »Corona wird Deutschland Hunderte von Milliarden Euro kosten«, 23. März 2020, abrufbar unter: https://www.ifo.de/node/53961

2 F.A.Z., »Staat drohen Kosten bis zu 1,5 Billionen Euro durch die Corona-Krise«, 22. März 2020, abrufbar unter https://www.faz.net/aktuell/wirtschaft/folkerts-landau-staat-drohen-hohe-kosten-durch-corona-krise-16690939.html

3 wallstreet:online, »Jeder Zweite will ›Schwarze Null‹ nicht aufgeben«, 11. September 2019, abrufbar unter https://www.wallstreet-online.de/nachricht/11734805-umfrage-zweite-schwarze-null-aufgeben

4 manager magazin, »Deutscher Staat spart dank Minizinsen 436 Milliarden Euro«, 20. Januar 2020, abrufbar unter https://www.ma-

nager-magazin.de/politik/artikel/minizinsen-deutscher-staat-sparte-bis-jetzt-400-milliarden-euro-a-1304215.html

5 Details zur Berechnung finden sich hier: beyond the obvious, »Die ›schwarze Null‹ ist keine Leistung, eine Lüge und eine große Dummheit«, 10. September 2019, abrufbar unter https://think-beyond theobvious.com/die-schwarze-null-ist-keine-leistung-eine-luege-und-eine-grosse-dummheit/

6 Stiftung Marktwirtschaft: »Ehrbarer Staat? Wege und Irrwege der Rentenpolitik im Lichte der Generationenbilanz«, 22. November 2019, abrufbar unter https://www.stiftung-marktwirtschaft.de/file admin/user_upload/Pressemitteilungen/2019/Rentenpolitik_PG_22.11.2019/PK-Folien-Ehrbarer-Staat_Rentenpolitik_2019-11-22_Druck.pdf

7 Institut der Deutschen Wirtschaft: »Die Infrastruktur braucht mehr Investitionen«, 2019, abrufbar unter https://www.iwd.de/artikel/klare-vorteile-450417/

8 F.A.Z., »Staat unterstützt fast jeden Zweiten«, 11. Februar 2020, abrufbar unter https://www.faz.net/aktuell/wirtschaft/staat-unter stuetzt-fast-jeden-zweiten-steuerpolitik-16629210.html

9 forexlive, »Germanys Altmaier: we will return to austerity policy once coronavirus crisis is over«, 24. März 2020, abrufbar unter https://www.forexlive.com/news/!/germanys-altmaier-we-will-re turn-to-austerity-policy-once-coronavirus-crisis-is-over-20200324

10 Mehr zum Zusammenhang von Ersparnis und Handelsüberschuss findet sich hier: beyond the obvious, »Deutschland wirtschaftet wie die Eichhörnchen«, 14. September 2016, abrufbar unter https://think-beyondtheobvious.com/stelter-in-den-medien/deutschland-wirtschaftet-wie-die-eichhoernchen/

11 CEPR, »Exportweltmeister – The Low Returns on Germanys Capital Exports«, 18. Juli 2019, abrufbar unter https://cepr.org/content/free-dp-download-18-july-2019-exportweltmeister-low-returns-ger many's-capital-exports

12 Der Spiegel (online), »Bürger empfinden Deutschland als extrem ungerecht«, 5. März 2020, abrufbar unter https://www.spiegel.de/wirtschaft/soziales/buerger-empfinden-deutschland-als-extrem-ungerecht-a-bed86bc6-aecc-4b00-b0a5-a1519ebfc111

13 Deutsches Institut für Wirtschaftsforschung (DIW), »Die Lohnungleichheit in Deutschland sinkt«, Februar 2020, abrufbar unter https://www.diw.de/de/diw_01.c.725399.de/publikationen/wochenberichte/2020_07_1/lohnungleichheit_in_deutschland_sinkt.html

14 Paul Hufe, Andreas Peichl, Marc Stöckli, »Ökonomische Ungleichheit in Deutschland – ein Überblick«, in: Perspektiven der Wirtschaftspolitik 2018, S. 185–199, abrufbar unter: https://www.degruyter.com/downloadpdf/j/pwp.2018.19.issue-3/pwp-2018-0028/pwp-2018-0028.pdf

15 Paul Hufe, Andreas Peichl, Marc Stöckli, »Ökonomische Ungleichheit in Deutschland – ein Überblick«, in: Perspektiven der Wirtschaftspolitik 2018, S. 185–199, abrufbar unter: https://www.degruyter.com/downloadpdf/j/pwp.2018.19.issue-3/pwp-2018-0028/pwp-2018-0028.pdf

16 Daniel Stelter, Das Märchen vom reichen Land, München 2018

17 Makronom »Warum ist das Wohneigentum in Deutschland so gering?«, 11. November 2019, abrufbar unter https://makronom.de/warum-ist-das-wohneigentum-in-deutschland-so-gering-34055

18 Statistisches Bundesamt, »Ausgaben, Einnahmen und Finanzierungssaldo des Öffentlichen Gesamthaushalts nach Ebenen, Quartalsdaten«, o. D., abrufbar unter https://www.destatis.de/DE/Themen/Staat/Oeffentliche-Finanzen/EU-Haushaltsrahmenrichtlinie/Tabellen/oeffentlicher-gesamthaushalt.html

19 Statista, »Europäische Union: Staatsquoten der Mitgliedsstaaten 2018«, abrufbar unter: https://de.statista.com/statistik/daten/studie/6769/umfrage/staatsquoten-der-eu-laender/

20 Der Spiegel (online), »SPD-Chefin Esken fordert Sonderabgabe auf Vermögen«, 1. April 2020, abrufbar unter https://www.spiegel.de/wirtschaft/soziales/coronavirus-krise-spd-chefin-saskia-esken-fordert-vermoegensabgabe-a-0210360b-673b-46a4-bb95-4998e452f1a4

21 Credit Suisse, »Global Wealth Report 2019«, Oktober 2019, S. 48, abrufbar unter https://www.credit-suisse.com/about-us/en/reports-research/global-wealth-report.html

22 Der Spiegel (online), »So könnten die Reichen für die Coronakrise zahlen«, 4. April 2020, abrufbar unter https://www.spiegel.de/wirt-

schaft/soziales/coronavirus-krise-sollen-reiche-fuer-die-kosten-
zahlen-a-7c5a8ee5-9b2c-483b-aab0-6d6937f39de4

23 Boston Consulting Group (BCG), »Back to Mesopotamia«, September 2011, abrufbar unter https://think-beyondtheobvious.com/stel
ter-in-den-medien/back-to-mesopotamia/

Risikopatient Eurozone

1 tagesschau.de, »Gemeinsam für Italien«, 23. März 2020, abrufbar unter https://www.tagesschau.de/ausland/corona-hilfen-italien-101.html

2 Welt, »EZB holt im Kampf gegen das Virus eine neue Bazooka raus«,
19. März 2020, abrufbar unter https://www.welt.de/wirtschaft/
article206646325/Corona-Krise-EZB-kuendigt-Anleihekaufpro
gramm-fuer-750-Milliarden-an.html

3 Governo Italiano, »Sondaggio Politicale Elettorali«, abrufbar unter
http://sondaggipoliticoelettorali.it/GestioneSondaggio.aspx

4 Governo italiano, »Sondaggio Politicale Elettorali«, abrufbar unter
http://sondaggipoliticoelettorali.it/GestioneDomande.aspx

5 Internationaler Währungsfonds, »Economic Convergence in the
Euro Area: Coming Together or Drifting Apart?«, 23. Januar 2018,
abrufbar unter https://www.imf.org/en/Publications/WP/Issues/
2018/01/23/Economic-Convergence-in-the-Euro-Area-Coming-To
gether-or-Drifting-Apart-45575

6 Bei Griechenland ist allerdings anzumerken, dass die Schulden real
deutlich geringer sind, wenn man sie statt zu nominellen Werten zu
Marktpreisen bewertet. Dies liegt daran, dass Zinsen und Tilgun-
gen sehr großzügig vereinbart wurden, worin ein faktischer, aber
für die Bürger der Kreditgeberländer, allen voran für uns Deutsche,
nicht offensichtlicher Schuldenerlass liegt. Nachzulesen bei beyond
the obvious, »Griechenland: die Lüge der gewinnbringenden ›Rettung‹«, Juni 2018, abrufbar unter https://think-beyondtheobvious.
com/stelters-lektuere/best-of-bto-2018-griechenland-die-luege-der-
gewinnbringenden-rettung/

7 Flossbach von Storch Research Institute, »Die lateinische Münzunion – ein Präzedenzfall für den Euro«, 16. Mai 2019, abrufbar unter https://www.flossbachvonstorch-researchinstitute.com/filead min/user_upload/RI/Studien/files/studie-190516-die-lateinische-muenzunion.pdf

8 Deutsche Bank, »Understanding Eurozone break-up: how much would the euro drop«, 9. März 2017, abrufbar unter https://think-beyondtheobvious.com/wp-content/uploads/2017/03/DB-Under standing-Eurozone-break-up-09.03.17.pdf

9 Internationaler Währungsfonds, »Towards a fiscal Union for the Euro Area«, 25. September 2013, abrufbar unter: https://www.imf.org/en/Publications/Staff-Discussion-Notes/Issues/2016/12/31/To ward-A-Fiscal-Union-for-the-Euro-Area-40784

10 Europäische Kommission, »EUROPA 2020. Eine Strategie für intelligentes, nachhaltiges und integratives Wachstum«, 3. März 2010, abrufbar unter https://ec.europa.eu/eu2020/pdf/COMPLET%20 %20DE%20SG-2010-80021-06-00-DE-TRA-00.pdf

11 Eurostat, »Leichter Anstieg der FuE-Ausgaben in der EU im Jahr 2017 auf 2,07 % des BIP«, 10. Januar 2019, abrufbar unter https://ec.europa.eu/eurostat/documents/2995521/9483602/9-10012019-AP-DE.pdf/054a5cb0-ac62-4ca4-a336-640da396b817

12 WIPO World Intellectual Property Organization, » World Intellectual Property Indicators 2019«, abrufbar unter https://www.wipo.int/edocs/pubdocs/en/wipo_pub_941_2019.pdf

13 Thomson Reuters: »The Top 100 Global Technology Leaders«, abrufbar unter https://www.thomsonreuters.com/content/dam/ewp-m/documents/thomsonreuters/en/pdf/reports/thomson-reuters-top-100-global-tech-leaders-report.pdf

14 Shanghai Index, »Academic Ranking of World Universities 2019«, abrufbar unter http://www.shanghairanking.com/ARWU2019.html

15 Gemäß Daten der Weltbank. Zur Berechnung siehe beyond the obvious, »10 Jahre Lissabon-Vertrag – Wie ist die wirtschaftliche Lage der EU heute? Fakten zum Nachlesen«, 1. Dezember 2019, abrufbar unter: https://think-beyondtheobvious.com/10-jahre-lissabon-ver trag-wie-ist-die-wirtschaftliche-lage-der-eu-heute-fakten-zum-nachlesen/

16 European Commission, »Fiscal Sustainability Report 2018«, Januar 2019, abrufbar unter https://ec.europa.eu/info/sites/info/files/eco nomy-finance/ip094_en_vol_1.pdf

17 Ausführlich in: Daniel Stelter, »Das Märchen vom reichen Land«, München 2018

18 Das ist zumindest der Schluss, den man aus Umfragen ziehen muss. Während 76 Prozent der Deutschen in der Mitgliedschaft in der EU etwas Gutes sehen, sind es nur knapp mehr als 50 Prozent der Franzosen und 36 Prozent der Italiener. Damit ist die Unterstützung nicht so stark, wie man sie erwarten müsste mit Blick auf die Herausforderungen, vor denen die EU steht. European Parliament, »Spring Eurobarometer 2019«, S. 16, abrufbar unter https://www.europarl.europa.eu/at-your-service/files/be-heard/eurobarome ter/2019/closer-to-the-citizens-closer-to-the-ballot/report/en-euro barometer-2019.pdf

19 beyond the obvious, »Die untauglichen Ökonomenrezepte zur Rettung des Euro«, 15. Januar 2019, abrufbar unter https://think-beyondtheobvious.com/stelters-lektuere/best-of-bto-2018-oekono menvorschlag-zur-rettung-des-euros-von-der-loesung-eines-pro blems-ohne-das-problem-zu-loesen/

20 F.A.Z., »Von der Krise zur Chance«, 24. März 2017, abrufbar unter https://www.faz.net/aktuell/politik/die-gegenwart/zerfaellt-europa-25-von-der-krise-zur-chance-14932745.html

21 F.A.Z., »Die EU arbeitet an einer Euro-Bazooka«, 19. März 2020, abrufbar unter https://zeitung.faz.net/faz/wirtschaft/2020-03-19/5b8 81ec702e39c1446342d0778cae520/?GEPC=s5

22 Welt, »Schlupflöcher und Zauberei – so funktioniert Europas Corona-Deal«, 3. April 2020, abrufbar unter https://www.welt.de/wirt schaft/article206989541/Pandemie-Hilfe-EU-Kompromiss-nach-Streit-ueber-Corona-Bonds.html

Neustart der Finanzordnung

1 EU, »Fiscal Sustainability Report 2018«, abrufbar unter https://ec. europa.eu/info/sites/info/files/economy-finance/ip094_en_vol_1.pdf

2 Geprägt wurde der Begriff der Eiszeit für dieses Szenario Ende der 1990er-Jahre von Albert Edwards, einem Analysten der Bank Societe Generale. Seine Prognose, dass die Zinsen unter null fallen würden und demzufolge Anleihen besser abschneiden würden als Aktien, war immer umstritten, stimmte aber letztlich. Ich habe das Thema in meinem Buch »Eiszeit in der Weltwirtschaft«, erschienen 2016, aufgegriffen.

3 beyond the obvious, »Folgt Europa Japan in das japanische Szenario?«, 6. Mai 2019, abrufbarunter https://think-beyondtheobvious.com/stelters-lektuere/folgt-europa-japan-in-das-deflationaere-szenario-i/

4 Besonders deutlich warnt die Bank für Internationalen Zahlungsausgleich vor den Folgen dieser Zombifizierung: »BIZ Quartalsbericht September 2018«, abrufbar unter https://www.bis.org/publ/qtrpdf/r_qt1809_de.htm

5 The Telegraph, »Downgrade warnings raise fears of European bank nationalisations«, 26. März 2020, abrufbar unter https://www.telegraph.co.uk/business/2020/03/26/downgrade-warnings-raise-fears-european-bank-nationalisations/

6 Daniel Stelter, »Die Schulden im 21. Jahrhundert«, Frankfurt 2014

7 beyond the obvious, »Rogoff träumt weiter von der Enteignung«, 24. November 2016, abrufbar unter https://think-beyondtheobvious.com/stelters-lektuere/rogoff-traeumt-weiter-von-der-enteignung/

8 IWF, »Cashing in: How to make negative interest rates work«, 5. Februar 2019, abrufbar unter https://blogs.imf.org/2019/02/05/cashing-in-how-to-make-negative-interest-rates-work/

9 Bank for International Settlements (BIS), »Covid-19, cash and the future of payments«, 3. April 2020, abrufbar unter https://www.bis.org/publ/bisbull03.htm

10 Welt, »IWF warnt vor Gold als Brandbeschleuniger für Finanzkrisen«, 26. Februar 2019, abrufbar unter https://www.welt.de/finanzen/article189408169/Krisenwaehrung-Schadet-Gold-der-Weltwirtschaft.html

11 IWF, »IMF Working Paper, What's In a Name? That Which We Call Capital Controls«, Februar 2016 , abrufbar unter https://www.imf.org/external/pubs/ft/wp/2016/wp1625.pdf

12 beyond the obvious, »So würde die Schulden-Monetarisierung ablaufen«, 22. August 2017, abrufbar unter https://think-beyond theobvious.com/stelters-lektuere/so-wuerde-die-schulden-moneta risierung-ablaufen/

13 University College of London (UCL): »Bringing the helicopter to ground – A historical review of fiscal-monetary coordination to support economic growth in the 20th century«, August 2018, abrufbar unter https://www.ucl.ac.uk/bartlett/public-purpose/sites/pu blic-purpose/files/iipp-wp-2018-08.pdf

14 University College of London (UCL): »Bringing the helicopter to ground – A historical review of fiscal-monetary coordination to support economic growth in the 20th century«, August 2018, abrufbar unter https://www.ucl.ac.uk/bartlett/public-purpose/sites/pu blic-purpose/files/iipp-wp-2018-08.pdf

15 Oscar Jorda, Sanjay Singh, Alan Taylor, »Longer-run economic consequences of pandemics«, März 2020, abrufbar unter http://ssingh.ucda vis.edu/uploads/1/2/3/2/123250431/pandemics_jst_mar2020_.pdf

16 BDI, »Klimapfade für Deutschland«, Januar 2018, abrufbar unter https://bdi.eu/media/publikationen/?publicationtype=Studien#/pu blikation/news/klimapfade-fuer-deutschland/

17 Welt, »Zwei Prozent Negativzinsen könnten in Zukunft zur Normalität werden«, 5. Januar 2020, abrufbar unter https://www.welt.de/finanzen/article204765098/Forscher-warnen-Zwei-Prozent-Ne gativzinsen-koennten-in-Zukunft-zur-Normalitaet-werden.html

18 Bank Underground, »Global real interest rates since 1311: Renaissance roots and rapid reversals«, 6. November 2017, abrufbar unter https://bankunderground.co.uk/2017/11/06/guest-post-global-real-interest-rates-since-1311-renaissance-roots-and-rapid-reversals/

Deutschland vor der Corona-Krise

1 Institut für Demoskopie Allensbach, »Generation Mitte 2019«, 12. September 2019, abrufbar unter https://www.gdv.de/resource/blob/ 51044/9798b562381d4d082086fdf79058c02d/generation-mitte-2019 ---praesentation-koecher-data.pdf

2 Ausführlich mit der Wirkung der veränderten Kommunikationskultur auf die Meinungsbildung und das Meinungsklima beschäftigt sich Henrik Müller, »Kurzschlusspolitik. Wie permanente Empörung unsere Demokratie zerstört«, München 2020

3 F.A.Z.: »Die schleichende Deindustrialisierung«, 7. Februar 2020, abrufbar unter https://www.faz.net/aktuell/wirtschaft/wie-in-deutsch land-die-deindustrialisierung-voranschreitet-16620945.html

4 Zitiert hier nach Henrik Müller, »Kurzschlusspolitik. Wie permanente Empörung unsere Demokratie zerstört«, München 2020, S. 108 f.

5 Zitiert hier nach Henrik Müller, »Kurzschlusspolitik. Wie permanente Empörung unsere Demokratie zerstört«, München 2020, S. 109

6 Ausführlich beschäftige ich mich mit den Ursachen und Folgen von Finanz- und Eurokrise in: Daniel Stelter, »Eiszeit in der Weltwirtschaft«, Frankfurt 2016

7 Robin Alexander, »Die Getriebenen. Merkel und die Flüchtlingspolitik. Report aus dem Innern der Macht«, München 2017

8 Daniel Stelter, manager magazin, »Die Rezepte der Groko werden Euroland nicht retten«, 22. Februar 2018, abrufbar unter https:// www.manager-magazin.de/politik/europa/rettung-der-eurozone-die-groko-folgt-den-falschen-rezepten-a-1194493.html

9 McKinsey & Company, »The social contract in the 21. Century«, Februar 2020, abrufbar unter https://www.mckinsey.com/industries/ social-sector/our-insights/the-social-contract-in-the-21st-cen tury?sid=2747e592-d3cc-437f-9d63-0cfcb085d56d

Deutschland hat die guten Jahre nicht genutzt

1 Quelle: Weltbank, The World Bank Data, abrufbar unter https://data.worldbank.org/indicator/NY.GDP.MKTP.KD?end=2018&start=2018&view=bar , eigene Berechnung

2 Ausführlich analysiert und diskutiert in: Daniel Stelter, »Das Märchen vom reichen Land«, München, 2018

3 Statistisches Bundesamt, »Fachserie 7, Reihe 1«, 2018, S. 167, abrufbar unter https://www.destatis.de/DE/Themen/Wirtschaft/Aussenhandel/Publikationen/Downloads-Aussenhandel/zusammenfassende-uebersichten-jahr-vorlaeufig-pdf-2070100.pdf?__blob=publicationFile

4 Statistisches Bundesamt, »Fachserie 7, Reihe 1«, 2018, S. 65, abrufbar unter https://www.destatis.de/DE/Themen/Wirtschaft/Aussenhandel/Publikationen/Downloads-Aussenhandel/zusammenfassende-uebersichten-jahr-vorlaeufig-pdf-2070100.pdf?__blob=publicationFile

5 Institut der Deutschen Wirtschaft, »Lohnstückkosten im internationalen Vergleich«, 14. Januar 2019, abrufbar unter https://www.iwkoeln.de/studien/iw-trends/beitrag/christoph-schroeder-lohnstueckkosten-im-internationalen-vergleich-414338.html

6 Statistisches Bundesamt, Pressemitteilung 42, 12. Februar 2020, abrufbar unter https://www.destatis.de/DE/Presse/Pressemitteilungen/2020/02/PD20_042_623.html;jsessionid=9FEF08471AB300F4D60041B0959C33E6.internet721

7 Statista, »Abgabenquote in Deutschland 1991 bis 2019«, abrufbar unter https://de.statista.com/statistik/daten/studie/157905/umfrage/entwicklung-der-abgabenquote-in-der-deutschland-seit-1991/

8 The Economist, »The Big Mac Index«, 15. Januar 2020, abrufbar unter https://www.economist.com/news/2020/01/15/the-big-mac-index

9 Quelle: Weltbank, The World Bank Data, abrufbar unter https://data.worldbank.org/indicator/SL.GDP.PCAP.EM.KD, eigene Berechnung

10 Institut für Weltwirtschaft, »Kieler Beiträge zur Wirtschaftspolitik, Produktivität in Deutschland – Messbarkeit und Entwicklung«, November 2017, abrufbar unter https://www.ifw-kiel.de/fileadmin/

Dateiverwaltung/IfW-Publications/-ifw/Kieler_Beitraege_zur_
Wirtschaftspolitik/wipo_12.pdf

11 US Economy, the productivity puzzle, Financial Times 29. Juni
2014, abrufbar unter http://www.ft.com/intl/cms/s/2/c1149cda-fd39-
11e3-8ca9-00144feab7de.html#axzz3jODAHOmy

12 Gordon, Robert, »Is U.S. Economic Growth Over? Faltering Innovation Confronts the Six Headwinds«, NBER Working Paper 18315,
abrufbar unter http://www.nber.org/papers/w18315

13 F.A.Z., »Wie in Deutschland die Deindustrialisierung voranschrei-
tet«, 7. Februar 2020, abrufbar unter https://www.faz.net/aktuell/
wirtschaft/wie-in-deutschland-die-deindustrialisierung-voran-
schreitet-16620945.html

14 Weltbank, »Doing Business 2020, Economy Profile Germany«, abrufbar unter https://www.doingbusiness.org/content/dam/doing
Business/country/g/germany/DEU.pdf

15 Institut für Weltwirtschaft, »Kieler Beiträge zur Wirtschaftspolitik,
Direktinvestitionen im Ausland – Effekte auf die deutsche Leis-
tungsbilanz und Spillovers in den Empfängerländern«, November
2018, abrufbar unter https://www.ifw-kiel.de/de/publikationen/kie-
ler-beitraege-zur-wirtschaftspolitik/direktinvestitionen-im-aus
land-effekte-auf-die-deutsche-leistungsbilanz-und-spillovers-in-
den-empfaengerlaendern-11629/

Coronomics für Deutschland

1 Stiftung Marktwirtschaft: »Ehrbarer Staat? – Wege und Irrwege der
Rentenpolitik im Lichte der Generationenbilanz«, 22. November
2019, abrufbar unter https://www.stiftung-marktwirtschaft.de/file
admin/user_upload/Pressemitteilungen/2019/Rentenpolitik_PG_
22.11.2019/PK-Folien-Ehrbarer-Staat_Rentenpolitik_2019-11-22_
Druck.pdf

2 beyond the obvious, »Griechenland: Die Lüge von der gewinnbringenden Rettung«, Juni 2018, abrufbar unter https://think-beyond

theobvious.com/stelters-lektuere/best-of-bto-2018-griechenland-die-luege-der-gewinnbringenden-rettung/

3 F.A.Z., »Zwölf Jahre lang insolvent und trotzdem quietschfidel. Was bedeuten Verluste für Zentralbanken?«, 5. April 2015, abrufbar unter https://blogs.faz.net/fazit/2015/04/05/zwoelf-jahre-lang-insolvent-und-trotzdem-quietschfidel-was-bedeuten-verluste-fuer-zentral banken-1-5501/

4 Adair Turner, »Between Debt and the Devil«, London 2015

5 So lehnt der Sachverständigenrat der Bundesregierung in seinem Sondergutachten anlässlich der Corona-Krise andere Maßnahmen zur Eindämmung der Krise wie Eurobonds oder ein sogenanntes Helikoptergeld durch die Notenbank ab. F.A.Z., »›Wirtschaftsweise‹ halten Rezession für unvermeidbar«, 30. März 2020, abrufbarunter https://www.faz.net/aktuell/wirtschaft/konjunktur/sondergutach ten-corona-auswirkungen-auf-die-deutsche-wirtschaft-16703191. html?printPagedArticle=true#pageIndex_3

6 Auf meinem Blog *beyond the obvious* und in dem »Märchen vom reichen Land – Wie die Politik uns ruiniert« (München 2018) finden sich weitere Ausführungen zur TARGET2- Debatte.

7 European Central Bank, »Statistical Warehouse«, abrufbar unter http://sdw.ecb.europa.eu/reports.do?node=1000004859

8 F.A.Z., »Der Ausweg aus der Target-Falle«, 20. Oktober 2018, abrufbar unter https://www.faz.net/aktuell/finanzen/finanzmarkt/wie-target-salden-den-frieden-in-europa-sichern-koennten-15836705.html

9 Financial Times »Ireland shows the way with its debt deal«, 10. Februar 2013, abrufbar unter https://www.ft.com/content/a4564 eae-713a-11e2-9d5c-00144feab49a

10 Financial Times, »Draghi: We face a war against coronavirus and must mobilise accordingly«, 25. März 2020, abrufbar unter https://www.ft.com/content/c6d2de3a-6ec5-11ea-89df-41bea055720b? shareType=nongift

11 Deutsche Bundesbank, »Langfristige Perspektiven zur gesetzlichen Rentenversicherung«, Monatsbericht Oktober 2019, S. 55 ff., abrufbar unter https://www.bundesbank.de/resource/blob/811952/dacd4 c189414bf6afd2ad73c3340edc7/mL/2019-10-rentenversicherung-data.pdf

12 Welt: »Die sieben Schwächen des deutschen Kohleausstiegs«, 30. Januar 2020, abrufbar unter https://www.welt.de/wirtschaft/article 205451993/Energiewende-Die-Schwaechen-des-Kohleausstiegs gesetzes.html

13 Eine detaillierte Diskussion der ineffizienten und ineffektiven deutschen Energiepolitik würde den Rahmen dieses Buches sprengen. Ausführlicher diskutiere ich das Thema unter anderem hier: beyond the obvious, »Versuch der Sachlichkeit in der Klimadebatte«, 9. Oktober 2019, abrufbar unter https://think-beyondtheobvious.com/ versuch-der-sachlichkeit-in-der-klimadebatte/

14 World Economic Forum, »Global Competitiveness Report 2019«, abrufbar unter http://www3.weforum.org/docs/WEF_TheGlobal CompetitivenessReport2019.pdf

15 Welt, »Deutschlands globaler Abstieg scheint ausgemacht«, 1. Februar 2020, abrufbar unter https://www.welt.de/wirtschaft/plus 205495237/Deutschlands-globaler-Abstieg-scheint-ausgemacht. html

16 Welt, »Deutschlands globaler Abstieg scheint ausgemacht«, 1. Februar 2020, abrufbar unter https://www.welt.de/wirtschaft/plus 205495237/Deutschlands-globaler-Abstieg-scheint-ausgemacht. html

17 Stiftung Marktwirtschaft: »Ehrbarer Staat? – Wege und Irrwege der Rentenpolitik im Lichte der Generationenbilanz«, 22. November 2019, abrufbar unter https://www.stiftung-marktwirtschaft.de/file admin/user_upload/Pressemitteilungen/2019/Rentenpolitik_ PG_22.11.2019/PK-Folien-Ehrbarer-Staat_Rentenpolitik_2019-11-22_Druck.pdf

18 Statista, »Entwicklung der Lebenserwartung bei Geburt in Deutschland nach Geschlecht in den Jahren von 1950 bis 2060 (in Jahren)«, abrufbar unter https://de.statista.com/statistik/daten/studie/273406 /umfrage/entwicklung-der-lebenserwartung-bei-geburt--in-deutschland-nach-geschlecht/

19 Statista: »Erreichbares Durchschnittsalter in Deutschland laut der Sterbetafel 2016/2018nach Geschlechtern und Altersgruppen«, abrufbar unter https://de.statista.com/statistik/daten/studie/1783/umfrage/ durchschnittliche-weitere-lebenserwartung-nach-altersgruppen/

20 Financial Times, »The world must wake up to the challenge of longer life-spans«, 28. Februar 2020, abrufbar unter: https://www.ft.com/content/b517135e-5981-11ea-abe5-8e03987b7b20

21 Welt, »Was Unternehmen Senioren bieten müssen, um sie im Job zu halten«, 12. Juli 2017, abrufbar unter https://www.welt.de/wirtschaft/article166579087/Was-Unternehmen-Senioren-bieten-muessen-um-sie-im-Job-zu-halten.html

22 Robert Bosch Stiftung: »Produktiv im Alter«, Oktober 2013, abrufbar unter https://www.bosch-stiftung.de/sites/default/files/publications/pdf_import/BI_ProduktivImAlter_Online.pdf

23 Der Sachverständigenrat der Bundesregierung hat immer wieder Vorschläge unterbreitet, so in seinem Gutachten von 2018, abrufbar unter https://www.sachverstaendigenrat-wirtschaft.de/fileadmin/dateiablage/gutachten/jg201819/JG2018-19_gesamt.pdf, und vor allem in seinem Gutachten von 2017, abrufbar unter https://www.sachverstaendigenrat-wirtschaft.de/fileadmin/dateiablage/gutachten/jg201718/JG2017-18_gesamt_Website.pdf

24 In diesem Zusammenhang wird immer das Ehegattensplitting als Hemmnis gesehen. Dabei ist anzumerken, dass die einfache Abschaffung nur zu höheren Steuern für Ehepaare führt und deshalb den Anreiz zur Arbeitsaufnahme nur unter der – realitätsfernen – Annahme stärkt, dass die Partner getrennte Kassen haben und jeder nur auf das eigene (Grenz-)Einkommen und nicht die gemeinsame Gesamtbelastung blickt. Wenn man das Ehegattensplitting abschafft, sollte dies im Zuge einer allgemeinen Reform erfolgen, die alle Bürger deutlich entlastet.

25 Institut für Arbeitsmarkt und Berufsforschung (IAB): »Erwerbstätige im unteren Einkommensbereich stärken«, 9/2018, abrufbar unter http://doku.iab.de/forschungsbericht/2018/fb0918.pdf

26 Der Spiegel (online): »Wie der Staat die Fleißigen bestraft«, 22. März 2019, abrufbar unter https://www.spiegel.de/wirtschaft/soziales/hartz-iv-und-geringverdiener-wie-der-staat-mehr-arbeit-bestraft-a-1258150.html

27 Bundesministerium für Wirtschaft und Energie, »Wachstum und Demografie im internationalen Vergleich«, Juli 2015, abrufbar unter https://www.bmwi.de/Redaktion/DE/Publikationen/Wirtschaft

/wachstum-und-demografie-im-internationalen-vergleich.pdf?__
blob=publicationFile&v=3

28 IWD, »Etwas zu viel des Guten«, 8. November 2019, abrufbar unter
https://www.iwd.de/artikel/etwas-zu-viel-des-guten-448583/

29 IWD, »Etwas zu viel des Guten«, 8. November 2019, abrufbar unter
https://www.iwd.de/artikel/etwas-zu-viel-des-guten-448583/

30 Credit Suisse, »Global Wealth Report 2019«, 21. Oktober 2019, abrufbar unter https://www.credit-suisse.com/about-us-news/de/arti
cles/media-releases/global-wealth-report-2019--global-wealth-rises-
by-2-6--driven-by-201910.html

31 The Household Finance and Consumption Survey, ECB, Dezember
2016, S. 100, abrufbar unter https://www.ecb.europa.eu/pub/pdf/
scpsps/ecbsp18.en.pdf

32 Deutsche Bundesbank: »Vermögen und Finanzen privater Haushalte in Deutschland«, Monatsbericht April 2019, abrufbar unter
https://www.bundesbank.de/resource/blob/794130/d523cb3407462
2e1b4cfa729f12a1276/mL/2019-04-vermoegensbefragung-data.pdf

33 ntv, »So sparen die Deutschen«, 13. August 2019, abrufbar unter
https://www.n-tv.de/ratgeber/So-sparen-die-Deutschen-article212
03409.html

34 Òscar Jordà, Katharina Knoll, Dmitry Kuvshinov, Moritz Schul-
arick und Alan M. Taylor, »The Rate of Return on Everything 1870-
2015«,NBER Working Paper 24112, abrufbar unter https://www.
frbsf.org/economic-research/files/wp2017-25.pdf

35 CEPR, »Exportweltmeister – The Low Returns on Germanys Capital
Exports«, 18. Juli 2019, abrufbar unter https://cepr.org/content/free
-dp-download-18-july-2019-exportweltmeister-low-returns-ger
many's-capital-exports

36 CEPR, »Exportweltmeister – The Low Returns on Germanys Capital
Exports«, 18. Juli 2019, abrufbar unter https://cepr.org/content/free-
dp-download-18-july-2019-exportweltmeister-low-returns-ger-
many's-capital-exports

37 F.A.Z., »Ein Vermögensbildungsfonds für Deutschland«, 22. November 2013, abrufbar unter https://www.faz.net/aktuell/wirtschaft/
wirtschaftspolitik/gastbeitrag-ein-vermoegensbildungsfonds-fuer-
deutschland-12674947.html?printPagedArticle=true#pageIndex_2

38 ifo Institut, »Staatsfonds für eine effiziente Altersvorsorge: Welche innovativen Lösungen sind möglich?«, 25. Juli 2019, abrufbar unter https://www.ifo.de/DocDL/sd-2019-14-Fuest-etal-deutscher-buer gerfonds-2019-07-25.pdf und Bertelsmann Stiftung, »Ein Staatsfonds für Deutschland?«, o. D., abrufbar unter: https://www.bertels mann-stiftung.de/fileadmin/files/BSt/Publikationen/GrauePubli kationen/NW_Ein_Staatsfonds_fuer_Deutschland.pdf

39 F.A.Z., »Der Ausweg aus der Target-Falle«, 20. Oktober 2018, abrufbar unter https://www.faz.net/aktuell/finanzen/finanzmarkt/wie-target-salden-den-frieden-in-europa-sichern-koennten-15836705.html

Corona als Katalysator für Wandel

1 The Washington Post, »How did covid-19 begin? Its initial origin story is shaky«, 3. April 2020, abrufbar unter https://www.washing tonpost.com/opinions/global-opinions/how-did-covid-19-begin-its-initial-origin-story-is-shaky/2020/04/02/1475d488-7521-11ea-87da-77a8136c1a6d_story.html

2 Tony Selba, »Clean Disruption«, Robin Hood Investors Conference 2019, abrufbar unter https://youtu.be/6Ud-fPKnj3Q

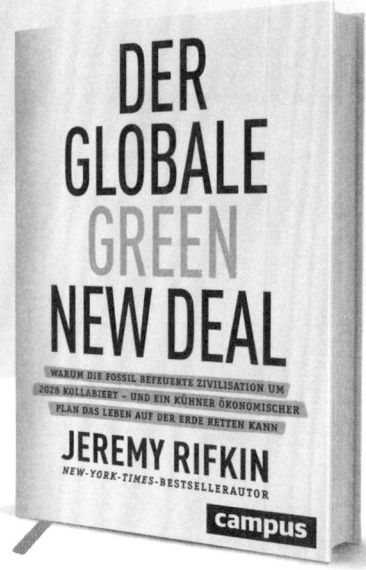